BUDSKAPET
OM
KORSET

BUDSKAPET
OM
KORSET

Dr. Jaerock Lee

URIM
BOOKS

BUDSKAPET OM KORSET av Dr. Jaerock Lee
Utgiven av Urim Books (Representant: Kyungtae Noh)
73, Yeouidaebang-ro 22-gil, Dongjak-gu, Seoul, Korea
www.urimbooks.com

Om inget annat anges är alla bibelcitat hämtade från Den Heliga Skriften, Svenska Folkbibeln.

Copyright 2012 av Dr. Jaerock Lee
ISBN: 978-89-7557-551-8
Översättning till engelska, Copyright © 2010 av Dr. Esther K. Chung. Användes med tillstånd.

Tidigare utgiven år 2002 på koreanska av Urim Books, Seoul, Korea

Först utgiven på koreanska i April 2012

Redigerad av Guemsun Vin
Översatt av Merete Adegunle
Design av Editorial Bureau of Urim Books
För mer information, kontakta: urimbook@hotmail.com

v

FÖRORD

Denna bok är skriven med en önskan om att du ska förstå
Guds hjärta och Hans stora kärleksplan och att det ska lägga
en stark grund för din tro.

Budskapet om Korset har lett ett oräkneligt antal människor
till vägen till frälsning sedan 1986 och demonstrerat otaliga verk
av den Helige Ande genom många kampanjer världen över.
Äntligen har Gud Fadern även välsignat utgivandet av den. Jag
tackar Gud och ger all ära till Honom!

Många människor säger att de tror på Gud Skaparen och att
de känner Hans Son Jesu Kristi kärlek, men kan inte predika
evangeliet med självförtroende. Faktum är att det är bara några
få kristna som verkligen förstår Guds hjärta och Hans omsorg.
Vidare har en del kristna lämnat Gud för att de varken har fått
klara svar på sina många frågor som väckts i Bibeln eller förstått
hemligheten i Guds kärleksfulla försyn.

Vad skulle du till exempel svara om du fick följande tre
frågeställningar: "Varför placerade Gud trädet med kunskap om

vi _ BUDSKAPET OM KORSET

gott och ont i lustgården och lät människan äta från trädet?",
"Varför skapade Gud helvetet trots att Han offrade sin Son Jesus
Kristus för syndare?" och "Varför är Jesus den *enda* Frälsaren?"

Jag kunde inte förstå Guds djupa omsorg för skapelsen och
Hans dolda försyn gömd i korset under mina första år som
kristen. Efter att jag blev kallad som tjänare till evangeliet
började jag fråga mig själv, "Hur ska jag kunna leda otaliga
människor in på frälsningsvägen och förhärliga Gud?" Det kom
till mig att jag skulle få förstå alla ord i Bibeln inklusive
textpassager som var svåra att greppa, genom uttydelse från Gud,
och sedan predika dem över hela världen. Jag fastade så ofta jag
kunde och bad om detta. Sju år gick innan Gud började
uppenbara dem för mig.

År 1985, då jag var i ivrig bön blev jag uppfylld av den Helige
Ande. Han började uttyda Guds dolda försyn som hade varit
dold. Det var *"Budskapet om Korset"*. Jag predikade det på
varje söndag förmiddagsmöte under 21 veckor. Kassettbanden
med *"Budskapet om Korset"* har influerat oräkneligt antal
människor både nationellt och internationellt. Varhelst
budskapet om korset har predikats, har den Helige Ande verkat
som en flammande eld. Många människor har omvänt sig från
sina synder och blivit helad från sjukdomar. De har kastat bort
tvivel på Guds omsorg och fått sann tro och evigt liv. Innan dess
hade de inte egentligen känt Gud och Hans djupa kärlek. De
började förstå Guds plan, möta Honom och få hopp om ett
evigt liv, genom detta budskap.

Om du tydligt förstår varför Gud placerade trädet med

kunskap om gott och ont i Edens lustgård, kommer du förstå Hans stora omsorg för människosläktet och så ännu mer på allvar älska Gud. Vidare, genom att veta det sanna syftet med ditt liv kommer du kunna kämpa emot dina synder till blods, göra ditt bästa för att efterlikna Herren Jesu Kristi hjärta, och vara trogen Gud intill döden.

Budskapet om Korset kommer att visa dig Guds dolda omsorg gömd i korset och hjälpa dig att få en stark grund för ett sant och gott kristet liv. Den som läser denna bok kommer därför att kunna förstå Guds djupa omsorg och kärlek, ha en sann tro, och leva ett kristet liv, välbehagligt i Hans ögon.

Jag vill tacka direktören och personalen vid redigeringsavdelningen som har gjort detta verk möjligt att publiceras. Jag vill också tacka översättningsavdelningen. Må otaliga människor komma att förstå Guds djupa försyn och omsorg, möta kärlekens Gud och bli frälsta som sanna barn till Gud – allt detta ber jag i Herren Jesu Kristi namn!

Jaerock Lee

INTRODUKTION

Budskanpet om Korset är Guds visdom och kraft, ett kraftfullt budskap som alla kristna över hela världen behöver ta till sig!

Jag tackar Gud Fadern och ger all ära till Honom som har lett oss att publicera *Budskapet om Korset*. Så många medlemmar av Manmin över hela världen har sett fram emot dess publicering. Denna bok ger tydliga svar på många frågor som mängder av kristna har funderat över: "Hurdan var Gud Skaparen före begynnelsen?", "Varför skapade Gud människan och lät henne leva på denna jord?", "Varför placerade Gud trädet med kunskap om gott och ont i Edens lustgård?", "Varför sände Gud sin Ende Son som ett försonande offer?", "Varför planerade Gud sin frälsningsomsorg genom ett grovt träkors"? och många andra frågor.

Denna bok innehåller andefylld undervisning av Dr. Jaerock Lee och upplyser dig om, och hjälper dig att förstå, bredden och djupet av Guds stora kärlek.

Kapitel 1, "Gud Skaparen och Bibeln", presenterar Gud för

dig och hur Han verkar bland oss. I detta kapitel kommer du att finna bevis från den levande Guden och förstå Bibelns sanning i ljuset av mänsklighetens historia. Därutöver bevisar den att evolutionsteorin är falsk och att Guds skapelse är sann.

Kapitel 2, "Gud skapar och kultiverar människan", vittnar om att Gud skapade allt i universum och formade människan till sin avbild. I tillägg till detta kommer detta kapitel undervisa dig om den verkliga meningen med människans liv och Guds syfte med att uppbringa människosläktet som sina sanna andliga barn.

Kapitel 3, "Trädet med kunskap om gott och ont", ger svar på den grundläggande frågan för alla kristna: Varför placerade Gud trädet med kunskap om gott och ont i Edens lustgård? Detta kapitel förklarar orsaken i detalj och hjälper dig att förstå den djupa kärleken och den stora hemligheten bakom Guds omsorg, som vårdar människor på jorden.

Kapitel 4, "Hemligheten dold sedan tidernas begynnelse", förklarar relationen mellan lagen om återlösningen av jordegendom och den andliga lagen om människans frälsning (4 Mosebok 25). Det förklarar också att alla människor var tvungna att gå dödens väg på grund av deras synder men att Gud förberett en underbar frälsningsväg redan före tidernas begynnelse. Slutligen visar det dig varför Gud dolde människans frälsning tills tiden för Hans utväljande var inne och hur Jesus är kvalificerad i enlighet med villkoren i lagen om återlösning av jordegendom.

Kapitel 5, "Varför är Jesus vår enda Frälsare?"?, förklarar hur Guds plan för människans frälsning, som har varit dold sedan tidernas begynnelse, blev uppfylld genom Jesus, orsaken till Hans korsfästelse, välsignelserna och rättigheterna som Guds barn, betydelsen av namnet "Jesus Kristus", orsaken att till att Gud inte har givit något annat namn än Jesus Kristus under himlen varvid människan kan bli frälst, och så vidare. Du kommer uppleva den gränslösa kärleken från Gud om du förstår den andliga innebörden i budskapet i detta kapitel.

Kapitel 6, "Omsorgen i korset", upplyser dig om den djupa meningen i Jesu lidanden. Varför föddes Jesus bland djur och blev lagd i en krubba om Han verkligen var Guds Son? Varför var Han fattig hela sitt liv? Varför blev han slagen, krönt med törnen, och spikad genom sina händer och fötter? Varför led Han till den grad att Hans blod och vatten utgöts?

Detta kapitel förser dig med exakta svar till dessa frågor och hjälper dig att förstå den andliga betydelsen av Hans lidanden. Alla sorters sjukdomar och svagheter så väl som fattigdom, familjeproblem, affärssvårigheter och så vidare kan lösas genom din förståelse och tro när det gäller den andliga meningen av Jesu lidanden. Detta kapitel hjälper dig att förstå Guds djupa kärlek, att bli av med all slags ondska och få del av gudomlig natur.

Kapitel 7, "Jesu sju sista ord på korset", förklarar den andliga betydelsen av Jesu sju sista ord på korset just innan Han dog. Genom dessa sju ord på korset, uppfyllde Han det uppdrag som Han hade tagit emot från sin Fader Gud. Detta kapitel betonar förståelsen av Jesu stora kärlek för hela mänskligheten, Hans andra tillkommelse och den goda kampen till slutet, med hopp om återuppståndelse.

Kapitel 8, "Sann tro och evigt liv", berättar för dig att vi blir ett med vår brudgum Jesus Kristus endast genom sann tro. Bibeln varnar för dem som säger att de tror på Frälsaren Jesus Kristus men som ändå inte kan bli frästa på domens dag. Bibeln lägger vikt vid att inte bara acceptera Jesus Kristus utan också äta Människosonens kött och dricka Hans blod för att nå evig frälsning. Du kan få sann tro som leder dig hela vägen till fräsning när du äter Hans kött och dricker Hans blod. Detta kapitel undervisar dig också om den sanna trons natur, hur du får tag på den och vad du behöver göra för att nå hela frälsningen.

Kapitel 9, "Att bli född av vatten och Ande", nämner först dialogen mellan Jesus och Nikodemus. Denna diskussion sammanfattar Budskapet om Korset. Ditt hjärta måste bli förnyat fortsättningsvis genom vatten och den Helige Ande tills Jesus Kristus återvänder och du behöver hålla hela din ande, själ och kropp fläckfri tills Herren Jesu Kristi kommer tillbaka, den tiden då Herren kommer för ta emot dig som sin underbara brud.

Kapitel 10, "Vad är villolära?", utforskar villolärans natur och diskuterar negativa och falska föreställningar som många kristna har idag om den. Idag tar många människor miste på eller beskyller starka Gudsverk för att vara villoläror eller felaktiga på grund av att de inte känner till Bibelns definition på hädelse. Detta kapitel varnar dig för att beskylla eller fördöma den Helige Andes verk som villolära och förklarar för dig hur du ska skilja mellan sanningens Ande och lögnens ande, och varnar dig om några sekter som förkunnar villoläror. Slutligen betonar detta kapitel att du behöver vaka och be kontinuerligt och förbli i sanningen för att inte falla för frestelser från lögnens ande.

Aposteln Paulus talade om Budskapet om Korset, Guds visdom, i 1 Korinterbrevet 1:18: *"Ty detta budskap om korset är en dårskap för dem som blir förtappade, men för oss som blir frälsta är det en Guds kraft."* Vem som helst kan få den sanna tron, möta den levande Guden och njuta av det kristna livet till fullo när personen förstår den dolda hemligheten i korset och förstår den djupa omsorgen och försynen i Guds stora kärlek till mänskligheten.

Budskapet om Korset ger en grundläggande undervisning för ditt liv. Därför ber jag i Herrens namn att du ska få en grund för ditt kristna liv och nå hela världen med frälsning och evigt liv.

Geumsun Vin
Direktör Redigeringsavdelningen

INNEHÅLL

Förord

Introduktion

Kapitel 1 _ Gud Skaparen och Bibeln • 1

- Gud är Skaparen
- Jag är den Jag Är
- Gud är Allvetande och Allsmäktig
- Gud är Bibelns författare
- Varje ord i Bibeln är sant

Kapitel 2 _ Gud skapar och kultiverar människan • 23

- Gud skapar människan
- Varför kultiverar Gud människan?
- Gud separerar agnarna från vetet

Kapitel 3 _ Trädet med kunskap om gott och ont • 39

- Adam och Eva i Edens lustgård
- Adam var olydig med sin egen fria vilja
- Syndens lön är döden
- Varför placerade Gud trädet med kunskap
  om gott och ont i Edens lustgård?

Kapitel 4 _ Hemligheten dold sedan tidernas
begynnelse • 63

- Adam överlämnade auktoriteten till djävulen
- Lagen om jordegendomens återlösning
- Hemligheten dold sedan tidernas begynnelse
- Jesus är kvalificerad i enlighet med lagen

Kapitel 5 _ Varför är Jesus vår enda Frälsare? • 81

- Frälsningens försyn genom Jesus Kristus
- Varför blev Jesus upphängd på ett träkors?
- Inget annat namn i världen än "Jesus Kristus"

Kapitel 6 _ Omsorgen i korset • 101

- Född i ett stall och lagd i en krubba
- Jesu liv i fattigdom
- Piskades och utgöt sitt blod
- Bärande törnekronan
- Jesu klädnad och livklädnad
- Fastspikad genom sina händer och fötter
- Jesu ben blev inte krossade men
  Hans sida genomborrades

Kapitel 7 _ Jesu sju sista ord på korset • 143

- Fader, förlåt dem
- Idag skall du vara med mig i paradiset
- Kvinna, här är din son; Här är din moder
- *Eloi, Eloi, Lema Sabaktani?*
- Jag törstar
- Det är fullbordat
- Fader, i Dina händer överlämnar jag min ande

Kapitel 8 _ **Sann tro och evigt liv** • 171

- Vilken djup hemlighet det är!
- Falska bekännelser leder inte till frälsning
- Människosonens kött och blod
- Förlåtelse endast genom att vandra i ljuset
- Tro genom handling är sann tro

Kapitel 9 _ **Att bli född av vatten och Ande** • 217

- Nikodemus kommer till Jesus
- Jesus hjälper Nikodemus till andlig förståelse
- När man blir född av vatten och Ande
- Tre vittnen: Anden, vattnet och blodet

Kapitel 10_ **Vad är villolära?** • 233

- Den bibliska definitionen på villolära
- Sanningens Ande och villfarelsens ande

Kapitel 1

Gud Skaparen och Bibeln

- Gud är Skaparen
- Jag är den Jag Är
- Gud är Allvetande och Allsmäktig
- Gud är Bibelns författare
- Varje ord i Bibeln är sant

I begynnelsen skapade Gud himmel och jord.

1 Mosebok 1:1

Gud är Skaparen

Idag finns det ett oräkneligt antal böcker i världen, men ingen annan bok än Bibeln ger dig detaljerade och klara svar på frågorna om ursprunget och skapelsen av universum, samt begynnelsen och slutet på den mänskliga rasen.

Bibeln ger ett klart svar på frågan om universums och livets ursprung. 1 Mosebok 1:1 säger: *"I begynnelsen skapade Gud himmel och jord."* Hebreerbrevet 11:3 säger: *"Genom tron förstår vi att världen har skapats genom ett ord från Gud, så att det vi ser inte har blivit till av något synligt."* Inte allt som är synligt skapades från något som redan existerade. Det skapades från "ingenting" på Guds befallning.

Människan kan skapa något från något som redan existerar, genom att till exempel ändra på eller kombinera material som redan existerar för att kunna skapa något annat, men hon kan inte skapa något från ingenting.

Det är bortom all fantasi att människan skulle kunna skapa en levande organism. Även om hon har utvecklat den vetenskapliga teknologin tillräckligt för att skapa artificiell intelligens (A.I.) datorer eller klonade lamm kan hon inte skapa ens en amöba från ingenting.

Människor har bara extraherat levande organismer från ting

som blivit givet av Gud och kombinerat dem på olika sätt. Det är inte är mer än så. Bara Gud, den ende Guden, kan skapa något från ingenting. Bara Gud Skaparen skapade universum på sin befallning och kontrollerar hela universum, världshistorien, liv och död och alla välsignelser och förbannelser över mänskligheten.

Bevis som får dig att tro på Gud Skaparen

Allting – ett hus, ett bord, ja till och med en spik är designad av någon. Det är självklart att det måste finnas en designer bakom detta enorma universum. Det borde finnas en ägare som har skapat det och som regerar över det. Det är Gud Skaparen som i Bibeln åter och åter igen berättar detta för dig.

När du tittar dig omkring finner du ett överflöd av bevis för skapelsen. Se på de mängder av människor på jorden som ett enkelt exempel. Oavsett ras, ålder, kön, social status och så vidare så har varje person två ögon, två öron, en näsa med två näsborrar och en mun.

Trots sina olikheter har även varje djur, efter sina egna arter, samma ansiktsstruktur. Till exempel har en elefant en lång näsa (snabel) och den är lokaliserad i mitten av ansiktet, ovanför munnen. Den är inte ovanför ögonen, under munnen eller längst upp på huvudet. Varje elefant har två näsborrar, två ögon, två öron och en mun. Alla fåglar i luften, alla fiskar i havet har samma struktur. Inte bara har varje djur samma ansiktsstruktur, men varje däggdjur har identiska system för matsmältning och fortplantning. På samma sätt äter de mat genom munnen och det som kommer in genom munnen och går ner i magen och kommer ut från kroppen. Alla däggdjur parar sig med det motsatta könet och föder sina avkommor.

När vi sätter samman dessa självklara fakta kan vi egentligen inte säga att allt detta skedde genom en slump eller att bevisen för evolutionen är dikterad av "den starke överlever". Inget utav detta kan någonsin bli förklarat genom evolutionsteorin.

Det faktum att både människor och djur har samma organiska struktur är tillräckliga bevis för att allting har blivit skapat och designat av Gud Skaparen. Om Gud inte vore den ende Guden utan bara en av många gudar, skulle varelserna haft många olika organ och olika kroppsstrukturer och positioner.

Förutom detta, när vi tittar närmare på naturen och universum finner vi mer bevis på skapelsen där. Hur makalöst är det inte att veta att allting i solsystemet, såsom jordens rotation fungerar utan den minsta defekt!

Se på klockan på din handled. Inuti den finns massa smådelar, fulländat detaljerat. Det skulle inte ens fungera om det saknade en liten del. Därför kan man se att universum har designats för att styras genom Guds försyn.

Ett annat exempel att nämna är att varken människan eller någon annan livsform kan existera utan månen som kretsar runt jorden. Om månen hade placerats lite längre ut eller något närmare jorden skulle människan inte kunnat leva på jorden. Gud placerade den i sin nuvarande position på det rätta avståndet.

Månens nuvarande position påverkar gravitationen så att ebb och flod sker. Floden gör att haven skakas om och renas. På samma sätt har allt i universum skapats med precision i enlighet med Guds försyn.

Varför tror en del inte på Gud Skaparen?

En del människor tror på Gud Skaparen och lever i enlighet med Hans ord. Men andra människor som resonerar och söker svar på frågor om allt i vetenskapen, varför tror de inte på Gud Skaparen?

Om du har lärt dig att Gud lever och är den Allsmäktige Skaparen från trofasta kristna allt sedan barnsben, är det inte så svårt att tro på Gud Skaparen.

Ändå har många som vuxit upp så redan i tonåren blivit influerade av evolutionism och all "kunskap" som nödvändigtvis inte är sant. Man umgås också med dem som inte tror på Gud eller som tvivlar på Honom.

Efter att ha levt i denna omgivning, om då man går till kyrkan och hör Guds ord, hamnar man ofta i tvivel och konflikter och kan inte tro på Gud Skaparen för att ens tidigare kunskap motsäger det man har hört i kyrkan och det man har lärt sig där.

Så länge man inte gör sig av med tankarna eller kunskapen som man lärt sig i världen, även om man regelbundet går till kyrkan, kommer man inte att kunna ha andlig tro – Gudsgenererad tro – som är långt borta från allt tvivel.

Vi kan inte tro på himmelriket eller helvetet utan andlig tro. Utan andlig tro kommer vi att betrakta den synliga världen som den enda världen, och leva i den på vårt eget sätt.

Hur många gånger har vi mött teorier som under en tid varit accepterade som sanningar för att sedan tas tillbaka och ersättas med nya teorier? Även om detta inte är exakt samma sak så är det sant att konventionella teorier och påståenden kontinuerligt blivit reviderade och fått tillägg på grund av nyupptäckta fakta.

Allt eftersom tiden går och vetenskapen utvecklas, kommer människor fram till bättre förklaringar och teorier även om de inte är helt perfekta. Jag skulle inte vilja påstå att alla vetenskapsmäns forskning är helt felaktig. Men det finns fortfarande mycket på jorden som inte kan förklaras med mänsklig kapacitet, så detta faktum måste erkännas.

Som exempel kan nämnas universum, människan har aldrig nått längst ut i universum eller någonsin kunnat gå tillbaka till forntiden. Trots detta försöker människor förklara universum genom att skapa olika hypoteser och teorier.

Innan människan åkte till månen trodde vi att det skulle finnas levande organismer där uppe eller någon annanstans i vårt solsystem. Efter månlandningen proklamerades det att det inte finns någon levande organism där. Nu för tiden säger vetenskapsmän att det finns en sannolikhet att det finns liv på Mars och att det finns spår av vatten på den röda planeten.

Även om du har forskat under lång tid och förökat din kunskap, om du inte känner till viljan, den underbara försynen och kraften från Gud Skaparen, kommer du till slut nå den mänskliga kapacitetens begränsningar.

Därför kan vi läsa i Romarbrevet 1:20: *"Ända från världens skapelse ses och uppfattas hans osynliga egenskaper, hans eviga makt och gudomliga natur genom de verk som han har skapat. Därför är de utan ursäkt".* Den som öppnar sitt hjärta och mediterar på detta kommer att kunna känna Guds kraft och Hans gudomliga natur genom skapelsen som till exempel solen, månen och stjärnorna; objekt vilka ger dig möjlighet att lära känna Hans existens och att tro på Honom.

Jag är den Jag Är

När människor hör om Gud Skaparen undrar många "Hur började Han existera"?, "Var kom Han ifrån"? eller "Hur framträdde Han?".

Människans kunskap och förstånd når bara till en viss gräns, som dikterar att allt har en början och ett slut. Därför kräver vi klara svar på sådana frågor. Men Gud existerar bortom all mänsklig förståelse. Han är den som "var", "är" och "som skall komma".

2 Mosebok 3 porträtterar en scen då Gud befaller Mose att leda israeliterna in i Kanaans land. Mose frågar då Gud vad han ska svara israeliterna om de frågar efter Guds namn. Då säger Gud till Mose *"Jag är den Jag Är"* och befallde honom att säga till israeliterna att *"'Jag Är' har sänt mig till er."* (2 Mosebok 3:14).

"JAG ÄR" är frasen Gud använder för att referera till sig själv personligen och det betyder att ingen har fött Honom, eller skapat Honom, utan att Han är ett perfekt väsen, Skaparen själv.

Gud var ljus med röst i begynnelsen

Johannes 1:1 säger, *"I begynnelsen var Ordet, och Ordet var hos Gud, och Ordet var Gud."*

Det säger att Gud som var Ordet i begynnelsen var ett väsen som existerat helt och hållet ensam utan att ha blivit skapad. Hur och var började Han då existera?

Gud är Ande så han hade existerat i form av Ordet i den fjärde dimensionen, den andliga sfären, inte den tredje dimensionen som är synlig. Gud existerade inte i någon speciell form utan som ett djupgående och underbart ljus med ren och klar röst och Han regerade över hela universum.

1 Johannes 1:5 säger: *"Detta är det budskap som vi har hört från honom och som vi förkunnar för er, att Gud är ljus och att inget mörker finns i honom."* Det har en andlig betydelse och är ett uttryck för Guds egenskaper som var ljus i begynnelsen.

I begynnelsen existerade Gud som ljus med en röst inuti det. Hans röst är ren, underbar och mjuk och hörs över hela universum. De som någon gång har hört Guds röst personligen kan förstå detta.

Gud var ensam före tidernas begynnelse

Gud Skaparen har existerat före tidernas begynnelse och planerade att resa upp sina sanna andliga barn och fortsätta vidare med det. Därför, om du helt och fullt kommer till insikt om Gud JAG ÄR, borde du kunna riva ner alla dina egna tankebanor, teorier och stereotyper och vidare kunna acceptera skapelseverket givet av Gud.

Till skillnad från ting skapade av Gud har ting som gjorts av människor sina begränsningar och fel. Allt eftersom den mänskliga kunskapen och civilisationen fortsätter att avancera och bättre produkter produceras har de fortfarande en massa tillkortakommanden.

Somliga tillverkar avgudar av guld, silver, brons och metall och kallar dem gudar vilka de knäböjer inför och ber till om välsignelser. De är bara avgudar av trä, metall eller stenar som varken kan andas, tala eller blinka. (Habackuk 2:18-19 *"Vad nytta gör en avgud som en människa har skurit till, eller en gjuten avgud som är en falsk lärare? Ty den som gör den förtröstar på sitt eget verk. Han gör avgudar som inte kan tala. Ve den som säger till träbiten: 'Vakna!' och till en stum sten: 'Stå upp!' Kan den undervisa? Visst är den överdragen med guld och silver, men det finns ingen ande i den."*)

Även fast de hävdar att de är visa kan människor inte skilja mellan lögn och sanning utan snarare tillverkar avbilder och kallar dem gudar som de tillber. (Romarbrevet 1:22-25 *"De påstod att de var visa, men de blev dårar. De bytte ut den odödlige Gudens härlighet mot bilder av dödliga människor, av fåglar, fyrfotadjur och kräldjur. Därför utlämnade Gud dem att de följde sina egna begär och bedrev allt slags otukt och förnedrade sina kroppar. De bytte ut Guds sanning mot lögnen och tog sig för att dyrka och tjäna det skapade i stället för Skaparen, han som är välsignad i evigheter, amen."*) Hur dåraktigt och skamfullt är inte detta?

Om människor har tillbett och tjänat meningslösa gudar för

att de varit okunniga om Gud, borde de omvända sig totalt från det och tillbe Gud JAG ÄR och utföra sina åligganden som Hans barn istället.

Gud är Allvetande och Allsmäktig

Gud Skaparen som har skapat hela universum är en perfekt varelse som har existerat före tidernas begynnelse och Han är Allvetande och Allsmäktig. I Bibeln finns det oräkneliga under och mirakler som inte kan utföras genom mänsklig kraft eller kunskap.

Dessa kraftfulla gärningar från Gud den Allvetande och den Allsmäktige, som är den samme igår och idag, skedde i nytestamentlig tid såväl som i gammaltestamentlig tid genom många gudsmän som hade Hans kraft.

Jesus sa att människor inte tror förrän de ser underverken från Gud den Allsmäktige. Johannes 4:48, *"Jesus sade till honom: 'Om ni inte ser tecken och under, tror ni inte.'"*

Gud visar underbara tecken och mirakler

2 Mosebok berättar i detalj att Gud som är Allestädes närvarande och Allsmäktige utförde underbara tecken, under och mirakler genom Mose när Han förde ut israeliterna ur Egypten in i Kanaans land.

Som exempel kan nämnas att när Gud sände Mose till Farao, kungen i Egypten, lät Han tio plågor komma över Farao och hela hans nation. Israeliterna gick på torr mark då Han delade Röda Havet och svepte undan den förskräckta egyptiska armén i forsande strömmar från de väldiga vattnen.

Även efter uttåget skedde mirakler. Vatten kom ut ur klippan som Mose slog på med sin stav, bittert vatten förvandlades till drickbart vatten, och manna kom ner från himlen så att miljoner människor kunde leva utan att oroa sig över matförsörjning.

Senare i Gamla Testamentet ser vi hur Gud utrustar Elia med kraft att profetera om tre och ett halvt års torka, och genom samma mans bön få regnet att falla igen, samt att uppväcka döda.

I Nya Testamentet ser vi Jesus, Guds Son, som uppväckte Lasarus som hade varit död i fyra dagar, öppnade blindas ögon, helade många människor med olika sjukdomar, svagheter och onda andar. Han gick på vattnet, stillade vinden och vågorna.

Gud utförde extraordinära mirakler genom Paulus händer så att när näsdukar eller klädesstycken som varit i kontakt med hans kropp gavs till de sjuka lämnade sjukdomarna dem och onda andar kom ut (Apostlagärningarna 19:11). Många tecken följde Petrus som var en av Jesu bästa lärjungar. Man förde ut de sjuka på gatan och lade dem på sina bäddar och mattor så att åtminstone Petrus skugga skulle falla på dem då han passerade dem (Apostlagärningarna 5:15).

Förutom detta, gjorde Gud under och visade tecken genom Stefanus och Filippus i Bibeln, och Han fortsätter att visa dem genom våra kyrkor även idag.

Många obotliga sjukdomar som cancer, lungsot, leukemi, och AIDS har blivit botade. Döda har uppväckts och lama har stått upp, gått och sprungit. Vidare har Gud visat stora tecken och under, extraordinära mirakler och anmärkningsvärda ting: genom bön per telefon och med bönedukar som jag har bett för, många sjuka har blivit botade, trasiga apparater har blivit reparerade och hjärtans längtan och önskningar har blivit uppfyllda.

Den som därför tror på Gud den Allsmäktige och ber i enlighet med Hans vilja kommer att få svar på bönerna, oavsett vad det gäller.

Gud är Bibelns författare

Gud är Ande vilket gör Honom osynlig men Han har alltid visat sig själv på många olika sätt. Gud uppenbarar vanligen sig själv genom naturen och speciellt genom vittnesbörd från människor som blivit botade och tagit emot bönesvar från Honom. Han uppenbarar också sig själv detaljerat genom Bibeln.

Genom Bibeln kan du lära känna den Ende Sanne Guden, möta Honom och nå frälsningen och evigt liv genom att förstå Hans verk. Du kan även leva ett framgångsrikt liv och ge äran till Gud genom förståelsen av Guds hjärta och också komma till insikt om hur du kan älska Honom och bli älskad av Honom (2 Timoteus brev 3:15-17).

Skriften är utandad av Gud

2 Petrus brev 1:21 säger, *"Ty ingen profetia har burits fram*

genom någon människas vilja, utan ledda av den helige Ande har människor talat vad de fått från Gud." Detta betyder att Bibeln från 1 Mosebok till Uppenbarelseboken är Guds Ord som blev nedskrivet endast genom Guds vilja.

Därför finns det många fraser som "Gud säger", och "HERREN säger", och "HERREN Gud säger". Dessa bekräftar att Bibeln inte är ord från människor utan från Gud.

Bibeln har sextiosex böcker varav trettionio finns i Gamla Testamentet och tjugosju i Nya Testamentet. Antalet nedskrivare/författare beräknas till 34. Perioden mellan vilken Bibeln skrevs går från 1500 f Kr till 100 e Kr, ca 1600 år. Det som är fantastiskt är att trots mängden av olika författare är Bibeln ändå en sammanhängande bok från början till slut, och varje vers överensstämmer med andra verser.

I Jesaja 34:16 läser vi, *"Sök i Herrens bok, läs och se efter: ingen av dem har uteblivit, ingen enda saknas. Ty Herren själv har så befallt, hans ande för dem samman."* (Bibel 2000).

Detta kunde ske därför att Bibelns originalförfattare är Gud, för den Helige Ande regerar över författarnas hjärtan och för orden samman. Vad du ska komma ihåg är att författarna till Bibeln är "spökskrivare" som skrev för Gud som är originalförfattaren till Bibeln.

Låt oss ta ett exempel. Anta att det finns en till åren kommen mamma som lever på landsbygden. Hon sänder brev till sin yngre son som studerar i en stad. Hon är analfabet så hon dikterar sitt budskap till sin äldre son. När den yngre sonen i staden får brevet kommer han att tro att det är hans mamma som har sänt brevet till honom, inte att hans äldre bror gjorde det, även då det faktiskt var nedskrivet av brodern. På samma sätt är det med Bibeln.

Guds kärleksbrev fulla av välsignelser och löften

Bibeln blev nedskriven av andefyllda Guds tjänare för att kunna uppenbara Gud själv. Vi behöver tro på det faktum att det är ord från Gud den Trofaste som uppenbarar sig själv.

Guds ord är ande och liv (Johannes 6:63) så den som hör och tror på det kommer att få evigt liv och hans själ får ta emot överflödande liv. Den som tror och lyder Guds ord kommer att åtnjuta ett framgångsrikt liv och bli en perfekt gudsman som blir mer och mer lik Jesus.

Gud kom till jorden i köttet för att visa sig själv för mänskligheten, och det köttet var Jesus. Filippus, en av Jesu lärjungar, var okunnig om detta och befallde Jesus att Han skulle visa honom Gud. Han förstod inte att Jesus var Gud inkarnerad, som för att uppfylla ett ordspråk som säger, "En fyrs ljus lyser inte vid grunden."

Johannes 14:8 och följande verser introducerar dialogen mellan Filippus och Jesus: *"Filippus sade: 'Herre, låt oss få se Fadern, så räcker det för oss.' Jesus svarade: 'Så länge har jag varit hos er, och du har inte lärt känna mig, Filippus. Den som har sett mig har sett Fadern. Hur kan du säga: Låt oss se Fadern? Tror du inte att jag är i Fadern och att Fadern är i mig? De ord som jag talar till er, talar jag inte av mig själv. Fadern förblir i mig och gärningarna är hans verk.'"* (Johannes 14:8-10).

Trots att Jesus hade gett övertygande bevis på att Han och Gud är ett genom att utföra mirakler som skulle ha varit omöjliga utan Guds kraft, ville Filippus att Jesus skulle visa honom Fadern. Jesus sa till honom att han skulle tro på Hans undervisning med åtföljande mirakler som bevis nog.

Gud kom till denna värld i köttet för att kunna visa sig själv och Gud såg till att Bibeln skrevs då det är omöjligt för människor att se Honom med sina mänskliga ögon.

Därför kan du ta emot välsignelserna och bönesvaren Gud lovar i Bibeln när du har en dyrbar gemenskap med den levande Guden genom Bibeln, lär känna Hans vilja och försyn, och studerar Hans Ord

Varje ord i Bibeln är sant

Historiska protokoll ger dig kunskap om människor och händelser vid en speciell tidpunkt i det förgångna. Historien är redogörelse om förändringar genom tiderna och låter dig veta detaljerna om specifika ting, människor, och omständigheter i de tiderna.

Mänsklighetens historia har bevisat att Bibeln är sann. Du kommer finna att Bibeln är historisk och realistisk, speciellt när du tar en närmare titt på händelserna, personerna, platserna och sederna nedskrivna i Bibeln.

Eftersom Gamla Testamentet i sanning betraktas som objektiva fakta, som antingen viktiga eller banala delar av information som har skett med individer, folk, eller grupper från

Adam och Evas tid, har Israel ansett att Gamla Testamentet är ett heligt och historiskt dokument för deras nation och deras arv till denna dag. Även många historiker ser Bibeln som en trovärdig källa.

Historien bevisar Bibelns sanningsenlighet

Först av allt, baserat på Bibeln, skulle jag vilja dela Israels historia med dig och bevisa att Guds Ord i Bibeln är sant.

Förfadern till alla människor, Adam, syndade mot Gud och hans efterkommande, alla människor därefter, har gått syndens väg och levt utan kunskap om Gud, deras Skapare. Gud utvalde en nation som Han planerade att uppenbara sin vilja och omsorg genom.

Först kallade Gud Abraham som hade den bästa "hjärtegrunden", renade honom och etablerade honom som trons fader. Abraham blev far till Isak, Isak till Jakob och Gud kallade Jakob för "Israel" och gjorde tolv stammar utifrån hans tolv söner.

Medan Jakob levde flyttade Gud honom till Egypten och lät honom bli en nation genom att föröka hans efterkommande och slutligen ledde Han dem tillbaka till Kanaans land.

Gud gav Mose Lagen under deras uppehåll i öknen, tränade israeliterna att leva i enlighet med sitt Ord och ledde dem endast genom sitt Ord.

Efter att de hade blivit ledda till Kanaans land hade de framgång endast då de lydde Lagen. När Israel tjänade avgudar och gjorde vad ont var, förlorade de sin nationella kraft och de fick lida under främmande invasioner. Israeliterna blev antingen fängslade eller förslavade. När de omvände sig, blev deras nation upprättad. Denna cykel upprepade sig gång på gång.

Gud visar alla människor genom Israels historia att Han lever och att Han styr över allt med sitt Ord.

Du kan också se att profetiorna i Bibeln har blivit uppfyllda eller håller på att uppfyllas. Till exempel, i Lukas 19:43-44 refererar Jesus till Jerusalems fall och säger:

> *Ty det skall komma dagar över dig, när dina fiender kastar upp en belägringsvall runt dig och omringar och ansätter dig från alla håll. De skall slå dig och dina barn i dig till marken och skall inte lämna kvar i dig sten på sten, därför att du inte förstod den tid då Herren besökte dig.*

I dessa verser talar Jesus om hur staden Jerusalem skulle bli förstörd på grund av deras växande ondska. Profetian uppfylldes år 70 e Kr, när General Titus i det romerska imperiet beordrade sina män att bygga en vall mot Jerusalem, omringa den och döda människorna innanför murarna. Detta skedde precis 40 år efter Jesu profetia.

Jesus sa i Matteus 24:32, *"Lär av en jämförelse med fikonträdet. Redan när kvisten blir mjuk och bladen spricker ut, vet ni att sommaren är nära."*

Fikonträdet här symboliserar nationen Israel och denna liknelse säger oss att nationen kommer att vara självständig då Jesu andra tillkommelse närmar sig. Slutligen, historien vittnar om att Guds Ord uppfylldes när Israel hade fallit år 70 e Kr, för 1 900 år efter dess förstörelse blev nationen mirakulöst upprättad, den 14 maj 1948.

Gamla Testamentets profetia och dess uppfyllelse i Nya Testamentet

Jag vittnar om att Guds Ord i Bibeln är sant genom att visa hur profetiorna från Gamla Testamentet har blivit uppfyllda i det Nya Testamentet.

Lagen i Gamla Testamentet var inte den perfekta vägen för att "förbli Guds sanna barn". Det var bara en skuggbild för att demonstrera Gud. Det var därför som Gud genom hela Gamla Testamentet lovade att Messias ska komma. När tiden var inne, sände Han Jesus Kristus till världen för att hålla sitt löfte.

Det är uppenbart att Jesus kom till jorden för ca 2 000 år sedan. Västvärldens historia är uppdelad i två grupper, efter Jesu födelse. F Kr betyder "före Kristus", och då menar man historien före Jesu tid, medan e Kr står för "efter Kristus". Även historien själv intygar Jesu födelse.

Låt oss först se i 1 Mosebok 3:15:

Jag skall sätta fiendskap mellan dig och kvinnan och mellan din avkomma och hennes avkomma. Han skall krossa ditt huvud och du skall hugga honom i hälen.

Denna vers profeterar att vår Frälsare, som kvinnans säd, skulle komma och förgöra dödens auktoritet. "Kvinnan" i detta avsnitt är Israel. När Jesus kom till jorden som Josefs son kom han faktiskt genom Juda stam i Israel (Lukas 1:26-32).

I Jesaja 7:14 läser vi, *"Därför skall Herren själv ge er ett tecken: Se, jungfrun skall bli havande och föda en son och hon skall ge honom namnet Immanuel."*

Detta talar om att Guds Son skulle sändas som återlösning för mänsklighetens synder genom att Han skulle bli avlad genom den Helige Ande. Jesus blev verkligen född av jungfru Maria genom den Helige Ande (Matteus 1:18-25).

Det profeterades att Jesus skulle födas i Betlehemsområdet, som det står i Mika 5:2 *"Men du, Betlehem Efrata, som är så liten bland Juda tusenden, från dig skall det åt mig komma en som skall härska i Israel. Hans ursprung är före tiden, från evighetens dagar."*

För att uppfylla detta ord föddes Jesus i Betlehem, i Juda land under Kung Herodes regeringstid. Till och med historien bekräftar detta.

Andra händelser som det blev profeterat om och som uppfylldes var till exempel slakten av de många oskyldiga spädbarnen på order av Kung Herodes vid tiden för Jesu födelse (Jeremia 31:15; Matteus 2:16), Jesu intåg i Jerusalem (Sakarja 9:9; Matteus 21:1-11), och Jesu himmelsfärd (Psaltaren 16:10; Apostlagärningarna 1:9).

Vi finner även att profetior om Judas Iskariot, han som följde Jesus under 3 års tid (Psaltaren 41:9), och hans förräderi mot Jesus för trettio silverpenningar (Sakarja 11:12) har blivit uppfyllda.

Du kan därför tro att Bibeln är sann och att det verkligen är

Guds Ord, speciellt när du ser att alla profetiorna i det Gamla Testamentet blev uppfyllda exakt som det profeterades om.

Bibliska profetior som väntar på sin uppfyllelse

Gud gjorde Jesus Kristus till vår Frälsare för att i Nya Testamentets tid uppfylla alla profetior från det Gamla Testamentet. Varje liten profetia om Jesus, Israels historia, och mänsklighetens historia blev fullbordade utan ett enda fel. Genom att granska världshistorien kan man se att alla profetiska ord i Bibeln har inträffat eller är på väg att inträffa.

Profeterna i både Gamla och Nya Testamentet profeterade om världsmakters uppkomst och fall, förstörelsen och återuppbyggnaden av Jerusalem, och om framtida angelägenheter gällande viktiga personer. Många profetior i Bibeln har blivit uppfyllda och många håller på att uppfyllas och människor väntar fortfarande på att uppleva Jesu andra återkomst, uppryckelsen, tusenårsriket och domedagen vid den stora vita tronen. Vår Herre förbereder just nu rum för oss som Han har lovat (Johannes 14:2), och Han kommer snart för att hämta dig till denna eviga plats.

Vår värld lider just nu oändligt mycket på grund av hungersnöd, jordbävningar, onormalt väder och kolossala olyckor. Allt detta händer inte av en slump utan är förvarningar på att Jesu andra återkomst kommer allt närmare (Matteus 24:3-14). Vi kan nå den fulla frälsningen genom att hålla oss vakna och förbereda oss som Hans brud.

Kapitel 2

Gud skapar och kultiverar människan

- Gud skapar människan
- Varför kultiverar Gud människan?
- Gud separerar agnarna från vetet

Och Gud skapade människan till sin avbild, till Guds avbild skapade han henne, till man och kvinna skapade han dem. Gud välsignade dem och sade till dem: "Var fruktsamma och föröka er och uppfyll jorden! Lägg den under er och råd över fiskarna i havet, över fåglarna under himlen och över alla djur som rör sig på jorden!"

1 Mosebok 1:27-28

Åtminstone en gång i ditt liv bör du tänka igenom de fundamentala frågorna såsom ursprung, slutmål, syfte, och meningen med livet och också försöka hitta svaren. Många människor försöker på olika sätt att lösa dessa frågor men dör utan att få de riktiga svaren.

Världsberömda visa män som Konfucius, Buddha och Sokrates strävade också efter att hitta svaren på dessa grundläggande frågor. Konfucius fokuserade på moralen, vilket betonade att en perfekt dygd skulle vara det etiska idealet, och han lyckades få många efterföljare. Buddha ägnade sig åt botgöring för att bli befriad från den världsliga existensen. Sokrates drev sanningen på sitt eget sätt och sökte efter sann kunskap. Men ingen av dem kunde finna en permanent, grundläggande lösning, eller nå den genuina sanningen, och hitta evigt liv. Det beror på att sanningen som varit dold sedan före världens skapelse är något andligt som är osynligt och ogripbar. Du kan inte finna klara svar om livet förrän du förstår Gud Skaparens omsorg för människans liv.

Gud skapar människan

Människans kropp har oförklarliga formationer av organ och

omätliga mängder celler och vävnader. Gud har skapat människan på detta sätt och vill vinna sanna barn med vilka Han kan dela sin kärlek i evigheternas evighet. För detta syfte skapade Gud människan till sin avbild och till att vara Honom lik och har kultiverat människan och förberett himlen.

Hur skapade Gud allting i universum och hur formade Han människan?

Guds sexdagars skapelse

1 Mosebok 1 ger en bra beskrivning av skapelseprocessen då Gud skapade himlarna och jorden på sex dagar. Gud sa, *"Varde ljus! Och det blev ljus."* (1 Mosebok 1:3). Sedan när Han sa, *"Vattnet under himlen skall samlas till en enda plats så att det torra blir synlig."* (1 Mosebok 1:9), så vet vi att det skedde så.

Som det står i Hebreerbrevet 11:3, *"Genom tron förstår vi att världen har skapats genom ett ord från Gud, så att det vi ser inte har blivit till av något synligt."* Gud skapade hela universum genom sitt ord.

Gud skapade ljuset på första dagen och skapade de vida skyarna på andra dagen. På tredje dagen när Gud sa, "Vattnet under himlen skall samlas till en enda plats så att det torra blir synligt", så skedde det så och Gud kallade det torra för land och de stora vattensamlingarna för hav. Sedan sa Gud, "Jorden skall frambringa grönska och fröbärande örter. Fruktträd, som efter sina slag bär frukt med frö i sig, skall växa upp på jorden" och då började jorden bringa fram grönska och fröbärande örter efter sina slag och fruktträd som bar frukter med frö i sig, efter sina slag. På fjärde dagen skapade Han solen att råda över dagen och månen att råda över natten. På den femte dagen skapade Han de stora havsdjuren och levande varelser att vimla i vattnet, alla efter sina slag, och bevingade varelser efter sina slag att flyga över jorden. På sjätte dagen skapade Han boskapsdjur, kräldjur och jordens vilda djur efter deras slag.

Människan skapas till Guds avbild

Gud Skaparen hade under sex dagar förberett miljön där människan skulle kunna leva och efter det skapade Han människan till sin avbild. Han välsignade människan som herre över skapelsen och sa till honom att lägga den under sig och råda över den.

Och Gud skapade människan till sin avbild, till Guds avbild skapade han henne, till man och kvinna skapade han dem. Gud välsignade dem och sade till dem: "Var fruktsamma och föröka er och uppfyll jorden! Lägg den under er och råd över fiskarna i havet, över fåglarna under himlen och över alla djur som rör sig på jorden!" (1 Mosebok 1:27-28)

Hur formade Gud människan?

Och HERREN Gud formade människan av stoft från jorden och blåste in livsande i hennes näsa. Så blev människan en levande varelse. (1 Mosebok 2:7).

När det nämns stoft i denna vers syftas det på lera. En skicklig krukmakare kan genom att använda lera med kvalité, göra fina porslinskärl eller vitt porslin med stort penningvärde. Av lera görs också oglaserat lergods, tegelstenar och takpannor.

Värdet på dessa varor beror framför allt på vem som gjord dem, hur skickligt det är utfört, vilken form av lera man har använt och vad för slags lergods det är. Då Gud den Allsmäktige, Skaparen, har format människan till sin avbild, hur underbart har Han då inte gjort det?

Efter att Han hade format människan till sin avbild från leran blåste Han in sin livsande, sin levande energi, och människan blev en levande ande. Livsande är styrka, kraft, energi och Guds Ande.

Gud blåste livsande in i människan

När du tänker på hur ljuset kommer in i ett lysrör kan du lättare förstå att människan blev skapad som en levande ande. Om du vill att ett lysrör ska lysa, måste du först ta fram ett välproducerat lysrör och sätta in det. Men det kan inte ge något ljus förrän du ger den elektricitet genom att trycka på strömbrytaren.

TV:n i ditt hem fungerar på samma sätt. Du kan inte se något förrän du sätter på den, men när den är på kan du se och höra alla möjliga slags bilder och ljud. Du kan se dessa bilder bara genom att sätta på teven. Men på baksidan av teven finns det komplicerade sammansättningar av mängder av delar som gör att den fungerar.

På samma sätt har Gud inte bara format människans yttre utan också dess inre med organ och ben utifrån leran på marken. Han gjorde vener genom vilka blodet flyter och nervsystemet som gör att kroppen kan fungera perfekt.

Guds kraft kan förvandla lera till mjuk hud om och när Han vill. Och precis som elektricitet kommer då man trycker på strömbrytaren, så andades Han in sin livsande i människan. Sedan började blodet cirkulera direkt och människan kunde andas och röra sig.

I tillägg till detta, har Gud skapat minnesenheter i de mänskliga hjärncellerna så att det som människan hör och upplever lagras i minnet. Det som lagrats blir till kunskap och kunskapen reproduceras i tankarna. När vi använder vår lagrade kunskap om livet kallas det att vi använder visdom.

Trots att människan bara är en varelse har hennes visdom och kunskap vuxit och hon har utvecklat en vetenskaplig civilisation. Nu utforskar hon universum och gör datorer med massiv information lagrat däri och som kan återspela det. På det sättet erhåller man enorma nytta av datorerna, precis som de minnesenheter Gud gör i människans hjärnceller. Människan har kommit så långt att hon har gjort datorer med artificiell intelligens som kan känna igen bokstäver eller en människas röst och som kan kommunicera med andra. Ännu mer teknologi kommer att kunna utvecklas allt eftersom tiden går.

Hur mycket lättare var det inte för Gud den Allsmäktige, Skaparen, att forma människan från lera och andas in livsande i henne för att göra henne till en levande varelse! Det är så lätt för Gud att skapa något från ingenting, men så omöjligt, otroligt och ofattbart för människan (Psaltaren 139:13-14).

Varför kultiverar Gud människan?

Jesus undervisar oss om Guds omsorg och försyn genom många liknelser. Då den andliga världen inte kan förstås med mänsklig kunskap använde Han jordiska objekt i sina liknelser för att vi skulle förstå.

Många av dessa liknelser handlar om odlande. Till exempel finns det liknelser om såningsmannen (Matteus 13:3-23; Markus 4:3-20; Lukas 8:4-15), liknelsen om senapsfröet (Matteus 13:31-32; Markus 4:30-32; Lukas 13:18-19), liknelsen om ogräset på fältet (Matteus 13:24-30; 36-43), liknelsen om vingården (Matteus 20:1-16) och liknelsen om vingårdsarbetarna (Matteus 21:33-41; Markus 12:1-9; Lukas 20:9-16).

Dessa liknelser visar oss att, precis som bonden plöjer upp jorden, sår frön, odlar dem, och skörd produceras, formar och kultiverar Gud människan på jorden och vill separera vetet från agnarna.

Gud vill dela sin sanna kärlek med sina barn

Gud har inte bara gudomlighet utan också mänsklighet. Gudomlighet är kraften från Gud den Allestädes närvarande och Allsmäktige, Skaparen själv, och mänskligheten är människans sinne. Följaktligen har Gud skapat och råder över hela universum, mänsklighetens historia och liv. Han känner också glädje, vrede, sorg och behag, och vill dela sin kärlek med sina barn.

Bibeln visar oss så många gånger att Gud har en personlighet lik människans; Gud gläder sig över och välsignar människorna när de, som skapade till Guds avbild, gör det som är rätt, men han klagar och stönar i vrede när de syndar. Guds längtan att kommunicera med sina barn och ge dem goda saker är ofta uttryckt i Guds Ord. Om Gud bara hade gudomliga karaktärsdrag hade Han inte behövt vila efter sexdagarsskapelsen av universum, och skulle inte vilja ha umgänge med oss genom att säga: *"Be oavbrutet"* (1 Tessalonikerbrevet 5:17), *"Ropa till mig, så vill jag svara dig och låta dig höra om stora och ofattbara ting som du inte känner till."* (Jeremia 33:3).

Ibland vill du vara ensam, men är kanske lyckligare vid de tillfällena då du är tillsammans med likasinnade vänner som delar sin kärlek med dig. Av samma orsak skapade Gud människan till sin avbild för Han ville utväxla kärlek med någon. Han kultiverar människans ande på denna jord eftersom Han vill ha sanna barn som förstår Hans hjärta och som älskar Honom från sina hjärtan.

Gud vill ha barn som lyder Honom av egen fri vilja

En del kanske undrar varför Gud skapade människorna och varför Han har uppfostrat dem när det finns så många lydiga änglar och den himmelska hären i himlen. Men änglarna har inte dessa mänskliga karaktärsdrag som är så viktiga för att kunna dela kärlek. Med andra ord, de har ingen fri vilja att välja själva.

De lyder befallningar som robotar, men de kan inte känna glädje, vrede, sorg eller behag så mycket som människorna. Därför kan de inte heller dela Guds kärlek från djupet av deras hjärtan.

Låt oss till exempel anta att du har två barn. En av dem följer dina order utan att uttrycka känslor, åsikter eller kärlek, som en välprogrammerad robot. Den andra sårar ibland dina känslor, men ångrar snart sina handlingar, kryper upp i din famn och uttrycker sitt hjärtas känslor på många olika sätt. Vem av dem skulle du älska mer? Självfallet den senare.

Låt oss anta att du har en robot som lagar mat, städar huset och tjänar dig. Du skulle ändå inte älska roboten mer än dina barn. Oavsett hur hårt roboten arbetar för dig och hur hjälpfull den än är kan den aldrig ta dina barns plats.

Gud föredrar också att människan glatt lyder Honom med sin fria vilja, med sitt förstånd och känslor, framför änglar och den himmelska hären, som är som lydnadsprogrammerade robotar. Han ger människorna fri vilja och sitt Ord. Sedan undervisar Han dem om vad som är gott och ont och vad vägen till frälsning eller döden är. Han väntar tålmodigt tills de blir Hans sanna barn.

Gud vårdar människan med en förälders passion

Det är skrivet i 1 Mosebok 6:5-6: *"Och HERREN såg att människornas ondska var stor på jorden och att deras hjärtans alla tankar och avsikter ständigt var alltigenom onda. Då ångrade HERREN att han hade gjort människorna på jorden, och han var bedrövad i sitt hjärta."*

Betyder detta att Gud inte visste om att detta kunde ske när Han skapade människan? Han visste det helt säkert. Gud är Allvetande och Allestädes närvarande så Han kände till allting innan tiden började. Ändå skapade Han människan och har kultiverat dem.

Om du är förälder kanske du förstår det här lättare. Hur svårt är det inte att föda barn och uppfostra dem! Medan en kvinna är gravid går hon igenom många svårigheter som illamående under nio månader. När barnet ska födas sker det med stor smärta för modern. Att ge mat, klä och undervisa barnen kräver stor insats från föräldrarna, och de måste arbeta hårt dag och natt. När barnen kommer hem sent, oroar föräldrarna sig om dem. När de är sjuka, smärtar det föräldrarna också.

Varför uppfostrar föräldrarna då sina barn trots all denna smärta och alla tunga insatser? Orsaken är den att de vill ha någon att dela sin kärlek med, för vem kan känna en förälders kärlek och älska dem från sina hjärtan om inte barnen? Föräldraskapet bringar glädje till föräldrarna. Och när ett barn efterliknar sina föräldrar, hur underbara är de då inte? Men inte alla barn är plikttrogna mot sina föräldrar. En del barn älskar och respekterar sina föräldrar, men andra ger dem sorg.

Trots att de vet om det arbetsamma med att uppfostra barn tänker föräldrarna inte på den smärtan. Istället gör de stora uppoffringar för att deras barn ska växa upp och bli till glädje för dem. På samma sätt visste Gud att människorna skulle vara olydiga, bli korrumperade och orsaka Honom sorg, men Han visste också att det också skulle bli sanna barn som skulle kunna dela Hans kärlek. Därför skapade Gud människorna och har villigt uppfostrat dem.

Gud vill bli förhärligad genom sina sanna barn

Gud kultiverar inte människans ande på jorden bara för att vinna sanna andliga barn utan också för att bli förhärligad genom dem. Gud kan ta emot ära från ett stort antal änglar och hela den himmelska hären så oändligt mycket. Men det Han önskar är att bli förhärligad genom sina kultiverade, sanna barn, från djupet av deras hjärtan.

Gud säger i Jesaja 43:7 *"var och en som är uppkallad efter mitt namn, och som jag har skapat till min ära, som jag har format och gjort"*, och instruerar oss i 1 Korinterbrevet 10:31: *"Om ni äter eller dricker eller vad ni än gör, så gör allt till Guds ära."*

Gud är Skaparen, Kärlek och Rättvisa. Han gav sin ende Son för att frälsa oss, och har förberett himlarna och evigt liv. Han är mer än värdig att bli ärad. Och Han vill återgälda äran till den som ger Honom ära.

Därför borde du bli ett sant Guds barn som kan dela Hans kärlek med Honom för evigt genom att du förstår att Gud vill bli ärad genom sina andefyllda och kultiverade barn.

Gud separerar agnarna från vetet

Bönder odlar och kultiverar marken för att de vill kunna skörda överflöd av gröda. Gud vårdar människans ande på

jorden för att få sanna barn som inte bara älskar och ärar Honom
från sina hjärtan utan som också delar Hans kärlek i himlen för
evigt.

Det finns alltid både vete och agnar vid skörd så bönderna
separerar vetet från agnarna, och samlar vetet in i deras lador och
bränner upp agnarna i eld. På samma sätt kommer Gud separera
vetet från agnarna vid slutet av Hans vårdande av människornas
andar.

*Han har sin kastskovel i handen och skall rensa sin
tröskplats och samla sitt vete i logen, men agnarna skall
han bränna upp i en eld som aldrig släcks (Matteus
3:12).*

Därför behöver vi ha en fast övertygelse att Gud kultiverar
människans ande på jorden och i sin egen tid kommer Han att
samla vetet – sanna barn – till himlen för evigt liv, och agnarna
kommer att brinna i en eld som aldrig slocknar, i helvetet.

Så låt oss gå djupare och se vilka sorts människor som är vete
och vilka som är agnar i Guds ögon och vad för slags platser som
himlen och helvetet är.

Vetet och agnarna

Vetet symboliserar de som har accepterat Jesus Kristus, som
vandrar i sanningen och som delar Guds kärlek. De är ljusets
barn som har återfått den förlorade bilden av Gud och gör det
som Gud befaller.

Agnarna däremot representerar de som inte accepterar Jesus Kristus, eller de som hävdar att de tror men som inte lever efter Guds Ord, utan istället följer sina egna onda begär.

1 Timoteus 2:4 beskriver vår Gud som en *"som vill att alla människor skall bli frälsta och komma till insikt om sanningen."* Det betyder att Gud vill att alla människor ska bli vete och komma in i himmelriket. Gud försöker få oss att förstå detta på många sätt och leder oss till frälsningens väg. Men en del människor bryter ändå till sist mot Guds vilja och försyn i och följer sin egen fria vilja. Dessa människor är inte bättre än djur inför Gud för de har förlorat sitt mänskliga värde.

Bönder bränner upp agnarna i eld eller använder de som gödningsmedel därför att om både vetet och agnarna samlas in i ladorna kommer vetet att ruttna. Därför vill inte Gud låta agnarna komma in i himmelriket där vetet kommer att vara. Helt olikt djuren har människan en evig ande för att Gud andades in livsande i honom när Han skapade Honom. Så Gud kan inte förgöra agnarna, eller låta dem bli till ingenting.

Det är oundvikligt för Gud att samla in vetet i himlen och låta dem njuta av evig lycka och att bränna agnarna i den outsläckliga elden i helvetet i evigheternas evighet. Kom ihåg detta faktum så att du inte blir kastad in i denna helvetes eld.

Himlens skönhet och helvetets skräck

Å ena sidan är himlen alltför underbar för att bli jämförd med något i denna värld. Till exempel, blommorna i denna värld vissnar snart, men himlens blommor vissnar aldrig eller slokar därför att allt i himlen är evigt. Vägarna är gjorda av rent guld, alltså som renaste glas, livets flod skiner som klar kristall rakt igenom och husen är gjorda av alla slags briljanta juveler. Allting är outsägligt vackert (läs mer i böckerna *Himlen I & II*)!

Å andra sidan är helvetet platsen där masken aldrig dör, och där elden aldrig slocknar. Varenda person där kommer att bli saltad med eld (Markus 9:48-49). Där finns också sjön av brinnande svavel som är sju gånger hetare än eldsjön (Uppenbarelseboken 20:10, 15). Ofrälsta människor måste leva i denna eldsjö som är outsläcklig eller i svavelsjön för evigt. Hur fruktansvärt och skrämmande det är att leva där för evigt (läs mer i boken *Helvetet*)!

Därför sa Jesus i Markus 9:43 att: *"Om din hand förleder dig till synd, så hugg av den! Det är bättre för dig att gå in i livet stympad än att ha båda händerna i behåll och komma till Gehenna, till elden som aldrig släcks."*

Varför måste Gud som är kärlek göra både det fruktansvärda helvetet och den underbara himlen? Om onda män tillåts komma in på en plats där de som är goda och älskvärda för Gud kommer att bo, kommer det att orsaka svårigheter för de goda och himlen kommer att bli förgiftad av det onda. Kort sagt Gud skapade helvetet för att Han älskar människorna och vill ge sina barn endast det bästa.

Domen vid den stora tronen

Som en bonde som sår säden och skördar år efter år, så kultiverar Gud människans ande sedan Adam blev driven ut ur

Edens lustgård och kommer att göra det tills Jesus kommer tillbaka.

Gud visade sin vilja för trons förfäder som Noa, Abraham, Mose, Johannes Döparen, Petrus och aposteln Paulus. Idag fortsätter Han kontinuerligt att vårda människornas ande genom sina tjänare och arbetare. Och precis som ett slut är nödvändigt på en början, kommer kultiverandet av människornas ande inte vara för evig.

2 Petrus 3:8 säger *"Men glöm inte detta, mina älskade, att en dag för Herren är som tusen år och tusen år som en dag."* Precis som när Gud vilade på den sjunde dagen efter sexdagarsskapelsen av universum, kommer Jesu återkomst, det nya tusenårsriket och sabbatsvilan att komma sex tusen år efter Adams olydnad. Efter det, genom domen vid den stora vita tronen, kommer Gud tillåta vetet att komma in i himlen och kasta agnarna in i helvetets eld.

Därför ber jag i Jesu namn om att du ska kunna förstå Guds försyn och kärlek i det att Han djupgående kultiverar människan, leva ett välsignat liv, och ära Gud, med ett ivrigt hopp om att nå himlen.

Kapitel 3

TRÄDET MED KUNSKAP OM GOTT OCH ONT

- Adam och Eva i Edens lustgård
- Adam var olydig med sin egen fria vilja
- Syndens lön är döden
- Varför placerade Gud trädet med kunskap
  om gott och ont i Edens lustgård?

HERREN Gud tog mannen och satte honom i Edens lustgård för att han skulle odla och bevara den. Och HERREN Gud gav mannen denna befallning: "Du kan fritt äta av alla träd i lustgården, men av trädet med kunskap om gott och ont skall du inte äta, ty den dag du äter av det skall du döden dö."

1 Mosebok 2:15-17

De som inte tror på Gud Skaparens stora kärlek och Hans djupa och grundliga omsorg för att uppfostra sina sanna barn kanske frågar, "Varför placerade Gud trädet med kunskap om gott och ont i Edens lustgård?", "Varför tillät Han den första människan att gå in på dödens väg?" De tror att människan kanske inte hade dött utan levt lyckliga för evigt i Edens lustgård om bara Gud inte hade placerat trädet där.

En del av dem kanske till och med säger, "Gud kanske inte kände till i förväg att Adam skulle äta av frukten på trädet med kunskap om gott och ont", för de tror inte på att Gud är Allvetande och Allestädes närvarande. Placerade Han trädet i Edens lustgård med denna klena insikt, utan att veta om Adams framtida olydnad? Eller placerade Gud trädet där med syftet att leda människan till dödens väg? Naturligtvis inte!

Varför placerade Gud då trädet med kunskap om gott och ont i mitten av Edens lustgård? Varför var Adam olydig mot Guds befallning och föll in på dödens väg?

Adam och Eva i Edens lustgård

Gud formade människan från leran på jorden och inandades livsande i hans näsa och människan blev en levande varelse (1

Mosebok 2:7). En levande varelse är en andlig varelse som inte har någon slags kunskap alls när han först blir skapad. Låt oss ta ett enkelt exempel. En nyfödd baby har ingen visdom eller kunskap. Babyn har ett minnessystem i sin hjärna, men har aldrig sett, hört, eller blivit lärd någonting. Så babyn kan bara agera på sin instinkt.

På samma sätt hade Adam ingen andlig visdom eller kunskap när han först blev en levande varelse.

Adam lärde sig kunskap om livet från Gud

Gud planterade en trädgård i öster, i Eden, och satte Adam där. Gud gav själv Adam kunskap om livet och sanningen och vandrade med honom där så att Han kunde ge kontrollen och skötseln av Edens lustgård till Adam.

1 Mosebok 2:19 säger, *"HERREN Gud hade format alla markens djur och alla himlens fåglar av jord. Han förde fram dem till mannen för att se vad han skulle kalla dem. Så som mannen kallade varje levande varelse, så skulle den heta."* Adam blev tillräckligt utrustad med kunskapen om livet för att kunna råda över allting.

Gud såg också att det inte var gott för Adam att vara ensam. Därför lät Gud en tung sömn falla över honom för att Han skulle kunna göra en passande hjälpare till honom. Gud tog ett av mannens revben och fyllde ut platsen med kött medan mannen sov. Sedan skapade Han en kvinna från revbenet som Han hade tagit ut från mannen och förde fram henne till honom. Gud förenade mannen med hans hustru och de blev ett kött (1 Mosebok 2:20-22).

Det var inte för att Adam själv kände sig ensam som Han skapade en hjälpare, utan för att Gud hade varit ensam under en så lång tidsperiod före tidernas begynnelse och Han visste var ensamhet var. Guds stora kärlek och nåd gjorde att Han skapade en hjälpare till Adam och Han, som visste Adams situation i förväg, välsignade mannen och hans hustru till att vara fruktsamma, föröka sig och uppfylla jorden.

Adams långa liv i Edens lustgård

Hur länge bodde Adam och hans hustru Eva i Edens lustgård? Bibeln talar inte om detta i detalj men du kan säkert förstå att de levde där mycket längre än de flesta tror.

Bibeln berättar alla dessa fakta i några få verser. Därför tror många människor att Adam åt av den förbjudna frukten och föll in i förgörelsen kort tid efter att Gud hade placerat honom i Edens lustgård.

En del av dem frågar, "Bibeln säger att mänsklighetens historia är sex tusen år, hur kan du då förklara de många fossil som blivit daterade som flera hundra tusen år gamla?"

Mänsklighetens historia i Bibeln är ungefär 6,000 år, med början från den tid då Adam och Eva drevs ut ur Eden. Det inkluderar inte den långa period som de levde i Edens lustgård. Då lång tid passerade, skedde stora geologiska och geografiska förändringar som jordlagers reaktion och flera cykler av reproduktion och utdöende av arter på jorden. Många fossiler bekräftar detta faktum, som tidigare diskuterat i kapitel ett.

Efter att Gud välsignade Adam och hans hustru i 1 Mosebok 1:28, vandrade den förste Adam, innan han blev förbannad, med Gud och fick många barn under en lång tid och uppfyllde Edens lustgård. Som herre över allt skapat lade Adam jorden under sig och bevarade den, likaså Edens lustgård.

Adam var olydig med sin egen fria vilja

Gud gav Adam och Eva varsin fri vilja och lät dem njuta av överflödet och glädjen i Edens lustgård. Men det fanns en sak som Gud förbjöd. Gud befallde dem att inte äta från trädet med kunskap om gott och ont.

Om Adam hade förstått Guds djupa kärlek och verkligen älskat Honom tillbaka skulle han inte ha ätit av den förbjudna frukten, för han kände till Guds befallning. Men han lydde inte denna specifika befallning för att han inte älskade Gud helt och fullt.

Gud placerade trädet med kunskap om gott och ont i Edens lustgård och etablerade denna strikta lag mellan Gud och människan. Han tillät människan att hålla denna befallning genom sin fria vilja. Det var för att Han ville ha sanna barn som skulle lyda Honom från djupet av sina hjärtan som Han gjorde det.

Adam nonchalerade Guds Ord

I Bibeln ger Gud ofta löften om välsignelser till dem som

lyder alla Hans befallningar och håller alla Hans ord (5 Mosebok 15:4-6, 28:1-14). Men vem lyder alla Hans befallningar? Även Bibeln erkänner att det bara är några få personer i världen som kan göra det.

Gud måste ha lärt den första människan Adam att han skulle kunna få njuta av evigt liv och välsignelser så länge han lydde Gud, men att han skulle hamna i evig död om han var olydig mot Gud. Gud varnade honom inte från att äta av trädet med kunskap om gott och ont.

Ändå ignorerade Adam och Eva Guds befallning och åt av den förbjudna frukten. Satan försökte störa Guds plan om att uppbringa sanna och andliga barn sedan begynnelsen. Till slut lyckade Satan fresta dem till att äta frukten genom ormen som var listigare än något annat av markens djur (1 Mosebok 3:1). Adam och Eva var olydiga mot Guds befallning.

Hur gick det till när Adam var olydig mot Guds befallning trots att han var en levande ande och hade bara hade blivit lärd sanningen från Gud?

I 1 Mosebok 2:15 ser vi att Gud satte Adam till att råda över och ta hand om Edens lustgård. Adam mottog kraft och auktoritet från Gud för att råda och vaka över den. Gud satte honom till att vaka över den i händelse av att fienden djävulen och Satan skulle vilja bryta sig in i den. Ändå misslyckades inte Satan med att kontrollera ormen och fresta Adam och Eva genom ormen. Hur var detta möjligt?

Satan är en ond ande som har auktoritet över luftens välde. Satan har ingen form. I Efesierbrevet 2:2 talas det om Satan som härskaren över luftens välde, den ande som är verksam i olydnadens söner.

Eftersom Satan är som radiovågor som svävar genom luften kunde Satan kontrollera ormen i Edens lustgård till att fresta Adam och Eva. 1 Mosebok 1 visar en speciell fras som upprepas många gånger. I slutet av varje dag upprepar Bibeln, "och Gud såg att det var gott". Denna fras blev inte uttalad över den andra dagen då himlavalvet skapades.

Återigen, Efesierbrevet 2:2 talar om en speciell tid; *"Tidigare levde ni i dem på den här världens vis och följde härskaren över luftens välde, den ande som nu är verksam i olydnadens söner."* Gud visste att onda andar skulle ha auktoriteten över luftens välde.

Eva föll för ormens frestelse

Ormen är bara ett av markens djur. Hur lyckades den fresta Eva till att vara olydig mot Guds befallning?

I Edens lustgård kunde människan kommunicera med alla levande varelser såsom blommor, träd, fåglar, vilda djur och så vidare. Eva kunde också kommunicera med ormen. Från början var ormarna älskade av människorna och var på god fot med dessa, i motsats till hur det är i dessa dagar. De var så mjuka och lena, rena, långa och runda och visa och blev favoriserade av Eva. De kände henne väl och behagade henne. På samma sätt som hundar som är favoriserade av sina ägare för att de är smartare och följer order bättre än andra djur.

Många människor säger "Ormar är fruktansvärda, giftiga och motbjudande". De ogillar ormar nästan instinktivt för att det var en orm som bedrog den första människan Adam och hans hustru Eva till att var olydiga mot befallningen och drev dem in på dödens väg.

För att förstå ormens natur behöver du förstå den ursprungliga markens karaktär. Varje jordmån har olika ingredienser och olika sammansättningar. Med de olika faktorer som läggs i jordmånen blir den antingen god eller dålig. När Gud skapade alla slags vilda djur på marken och alla slags fåglar på himlen valde Han ut rätt sorts jordmån som passade varje slags djur (1 Mosebok 2:19).

Gud skapade inte ormen listig från början. Gud gjorde den tillräckligt vis för att bli älskad av människan. Ändå blev ormen listig efter att den onda naturen hade kommit in i den. Om ormen inte hade tagit emot Satans röst utan fortsatt med att göra Guds vilja hade den blivit ett vist och gott djur. Men för att den lyssnade till och lydde Satans röst blev den ett listigt djur som bedrog Eva att falla in i döden.

Eva ändrade på Guds Ord

Ormen visste vad Gud hade sagt till Adam: *"Och HERREN Gud gav mannen denna befallning: 'Du kan fritt äta av alla träd i lustgården, men av trädet med kunskap om gott och ont skall du inte äta, ty den dag du äter av det skall du döden dö.'"* (1 Mosebok 2:16-17). Så frågade ormen Eva listigt; *"Har Gud verkligen sagt: Ni får inte äta av alla träd i lustgården?"* (1 Mosebok 3:1)

Hur svarade Eva ormen?

Kvinnan svarade ormen: "Vi får äta av frukten från träden i lustgården, men om frukten på det träd som står mitt i lustgården har Gud sagt: Ät inte av den och rör inte vid den, ty då kommer ni att dö." (1 Mosebok 3:2-3).

Gud gav Adam en tydlig varning: *"men av trädet med kunskap om gott och ont skall du inte äta, ty den dag du äter av det skall du döden dö."* (1 Mosebok 2:17). Han betonade att de inte skulle förbli vid liv om de åt från trädet. Men Evas svar var inte alls lika tydligt. Hon svarade svagt, "Kommer ni att dö". Hon utelämnade ordet "döden". Med andra ord menade hon "Om ni äter av den förbjudna frukten kommer ni kanske dö, eller kanske inte."

Hon mindes inte Guds befallning helt och tvivlade lite på Guds ord. Efter att ormen hade hört hennes vaga och tvivelfulla svar, fortsatte den att driva frestelsen ännu starkare mot henne. Den till och med förvrängde Guds befallning. Ormen sa till kvinnan, "Ni ska visst inte dö". Den började ändra på Guds befallning och uppmuntrade kvinnan: *"Men Gud vet att den dag ni äter av den skall era ögon öppnas, så att ni blir som Gud med kunskap om gott och ont."* (1 Mosebok 3:5). och det frestade henne igen och stimulerade hennes nyfikenhet ännu mer.

Eva var olydig med sin egen fria vilja

Efter att Satan hade andats in syndfulla begär i kvinnan genom hennes felaktiga tankar började hon se på trädet med annorlunda ögon än vad hon hade gjort hittills.

1 Mosebok 3:6 säger, *"Och kvinnan såg att trädet var gott att äta av och en fröjd för ögat. Trädet var lockande eftersom man fick förstånd av det, och hon tog av frukten och åt. Hon gav också till sin man som var med henne, och han åt."*

Eva hade kunnat driva bort frestelsen från ormen på ett bestämt och fullständigt sätt. Men begäret från en syndfull människa, hennes ögons lust och stolthet över livets goda uppfyllde henne och drev henne till olydnadens synd.

Somliga säger, "Åt inte Adam och Eva av frukten från trädet med kunskap om gott och ont för att de hade en 'syndfull natur' i sig?" De hade ingen syndfull natur utan bara godhet inom dem till dess de blev olydiga. De hade bara sin egen fria vilja genom vilken de kunde välja att äta eller inte äta av den förbjudna frukten och gå emot Guds befallning.

Allt eftersom tiden gick, nonchalerade de Guds befallning. Då Satan frestade dem genom ormen gav de efter för frestelsen. På det sättet kom synden in i dem och de kränkte Guds ordningar som Han hade etablerat.

Låt oss se på hur det är med barn som växer i ondska. Även ett barn som är ont i allt det gör och säger har inte varit så ond eller ondskefull från födseln. Först började han imitera andra barns svordomar och förbannelser utan att känna till dess betydelse. Eller så gjorde han som pojken som slog en annan och sedan själv också började njuta av att slå andra pojkar och se dem brista ut i gråt. Så fortsätter han att slå och ondska planteras och växer i honom.

På samma sätt hade Adam inte en syndfull natur från början. När han var olydig mot Guds befallning och åt från trädet med sin egen fria vilja blev han havande med synd och ondska blev etablerat i honom.

Syndens lön är döden

Precis som Gud sa till Adam, *"av trädet med kunskap om gott och ont skall du inte äta, ty den dag du äter av det skall du döden dö."* så dog Adam och Eva verkligen efter att de hade ätit av frukten. Det står i Jakob 1:15, *"När så begäret har blivit havande föder det synd, och när synden är fullmogen föder den död."*

Romarbrevet 6:23 undervisar oss om den andliga världens lag och resultatet av synd, "Syndens lön är döden." Låt oss se hur döden kom till Adam och Eva på grund av deras olydnad.

Deras ande dog

Gud sa tydligt till Adam, *"av trädet med kunskap om gott och ont skall du inte äta, ty den dag du äter av det skall du döden dö."* Ändå dog de inte direkt efter att de hade varit olydiga mot Guds befallning. De levde väldigt länge och fick många fler barn. Så vad var "döden" som Gud varnade om?

Han menade inte deras kroppars död utan deras andes död. Människan är skapad med en ande som kan kommunicera med Gud, med en själ som är tjänare till deras ande och med en kropp som deras ande och deras själ bor i. 1 Tessalonikerbrevet 5:23 säger att människan består av en ande, en själ och en kropp. När Adam och Eva var olydiga mot Guds befallning dog deras ande, som är herre över människan.

Gud är oklanderlig och fläckfri, och den Helige lever i ett oåtkomligt ljus så syndare kan inte vara med Honom. Adam kunde kommunicera med Gud när Han var en levande ande men efter att hans ande hade dött på grund av synd kunde han inte längre kommunicera med Gud.

Början på ett smärtfyllt liv

Edens lustgård var en underbar plats med stort överflöd där det inte fanns någon oro eller ångest och Adam och Eva kunde leva där för evigt ätandes av livets träd. Men de drevs bort från Edens lustgård efter att de hade syndat. Då började deras problem och svårigheter.

Kvinnan fick mycket mera smärta när hon skulle föda barn. Hon började lusta efter sin man och hennes man kom att börja råda över henne. Med möda livnärde de sig av den förbannade markens gröda så länge de levde (1 Mosebok 3:16-17).

Gud säger till Adam i 1 Mosebok 3:18-19, *"'Törne och tistel skall den bära åt dig och du skall äta av markens örter. I ditt anletes svett skall du äta ditt bröd till dess du vänder åter till jorden, ty av den har du tagits. Jord är du, och jord skall du åter bli.'"* I dessa verser antyder Gud att människan måste återvända till att bli jord.

På grund av att Adam, mänsklighetens förfader, begick olydnadens synd och hans ande dog, gjorde det att alla hans efterkommande föddes som syndare och måste gå dödens väg.

Romarbrevet 5:12 visar arvet från Adam: *"Därför är det så: Genom en enda människa kom synden in i världen och genom synden döden, och så kom döden över alla människor, eftersom alla hade syndat."*

Alla människor är födda med denna arvsynd

Gud ger människan förmåga att vara fruktsam och föröka sig i antal genom livets säd som Han ger till dem när Han skapar dem. Människor blir till genom sammansmältningen av en spermie och ett ägg som Gud ger till varje man och kvinna som livssäd. Babyn blir lik sina föräldrar när det gäller utseende, karaktär, smak, vanor, favoriter, gångstil och så vidare för att spermien och ägget bär på varje förälders karaktär.

På det sättet har Adams syndfulla natur fortplanterats genom alla hans efterkommande eftersom han som är människans förfader, syndade. Detta kallas för arvsynd. Adams efterkommande är födda med arvsynden därför är alla människor ofrånkomligt syndare.

Somliga icke-troende klagar, "Hur kan jag vara en syndare? Jag har inte begått någon synd." Andra frågar, "Hur kunde Adams synd fortplanteras till mig"?

Låt oss ta en baby som exempel. En ammande mamma har

baby som inte ens är ett år ännu. Hon ammar en annan baby framför sitt egen babys ögon. Det är väldigt troligt att babyn blir upprörd och försöker knuffa undan den andra babyn. Om mamman inte slutar att amma den andra babyn eller om babyn inte slutar att suga från bröstet kommer hennes baby antingen stöta eller slå mamman eller den andra babyn. Om mamman fortsätter att ge den andra babyn mjölk kommer hennes eget baby förmodligen brista ut i högljudd gråt.

Även fast inte har lärt den lilla babyn avundsjuka, svartsjuka, hat, girighet eller att slå, hade babyn dessa onda tankar i sitt sinne sedan det hade blivit fött. Detta förklarar faktumet att människan är född med arvsynden nedärvd av sina föräldrar.

Hur mycket syndar varje person av sig själv genom hela sin livstid? Du behöver förstå att synd inför Gud som är ljuset själv inte bara är syndfulla handlingar utan också varje slags ond tanke i ens sinne. Gud uppfattar och ser ondska i sinnet som till exempel hat, girighet, fördömelse, och mycket mer.

Därför säger Bibeln att ingen kommer att bli förklarar rättfärdig i Guds ögon genom att hålla lagen och alla människor saknar Guds härlighet för att de har syndat (Romarbrevet 3:20, 23).

Allt har blivit förbannat, inte bara människan

När Adam, som var herre över allting, syndade och blev förbannad, blev marken, boskapen, markens vilda djur och fåglarna i luften förbannade med honom. Sedan dess har det uppkommit skadliga och giftiga insekter som flugor och myggor som sprider alla slags sjukdomar.

Marken började producera törnen och tistlar och människan kunde skörda mat från plantor genom slitsamt arbete och i sitt anletes svett. Människan tvingades att möta tårar, sorg, smärta, sjukdomar, död och liknande för att de blev förbannade tillsammans med jorden.

Därför läser vi i Romarbrevet 8:20-22, *"Skapelsen har ju blivit lagd under förgängelsen, inte av egen vilja utan genom honom som lade den därunder. Ändå finns det hopp om att också skapelsen skall befrias från sitt slaveri under förgängelsen och nå fram till Guds barns härliga frihet. Vi vet att hela skapelsen ännu samfällt suckar och våndas."*

Hur blev ormen förbannad? I 1 Mosebok 3:14 sa Gud till den listiga ormen som hade frestat människan till att synda, *"Eftersom du har gjort detta, skall du vara förbannad bland alla boskapsdjur och vilda djur. På din buk skall du gå, och jord skall du äta så länge du lever."* Men ormar äter inte jord utan levande djur som fåglar, grodor, möss och insekter. Gud sa tydligt "och jord skall du äta så länge du lever." Hur skulle du tolka den här versen?

Jorden symboliserar här "människan som blev tagen av stoft från jorden" (1 Mosebok 2:7) och ormen står för fienden djävulen och Satan (Uppenbarelseboken 20:2). "Jord skall du äta så länge du lever" symboliserar att Satan och djävulen slukar människor som inte lever efter Guds ord utan snarare vandrar i mörker.

Även Guds barn möter svårigheter och problem som Satan och djävulen ger dem om de begår ondska och syndar mot Guds vilja. Idag stryker Satan och djävulen omkring som ett rytande lejon och letar efter vem han kan uppsluka (1 Petrusbrevet 5:8). Om de finner någon kommer de förslava honom eller henne under syndens förbannelse och dra personen nedför förgörelsens väg. Om möjligt försöker de även att fresta Guds barn.

Satan och djävulen frestar dem som säger, "Jag tror på Gud", men som inte är säkra på Guds ord och leder dem till dödens väg. Normalt sett försöker Satan och djävulen fresta genom de närmaste, till exempel maka/make, vänner och släktingar – på samma sätt som de frestade Eva genom ormen, en av hennes mest älskade husdjur.

Din maka/make eller vän kanske frågar dig, "Räcker det inte för dig att bara gå på söndagens morgongudstjänst? Måste du gå på kvällsgudstjänsten också?" eller "Gör du verkligen ditt bästa för att kunna samlas varje dag?", eller "Gud uppfattar och känner till och med ditt innersta, ditt hjärta, för Han är Allvetande och Allsmäktig. Behöver du då verkligen ropa ut i bön?"

Gud befallde oss att hålla sabbatsdagen helig (2 Mosebok 20:8), att inte överge samlingarna i Herrens namn (Hebreerbrevet 10:25) och ropa ut i bön (Jeremia 33:3). Satan kan varken fresta eller få någon att synda som lever helt och hållet i Guds Ord (Matteus 7:24-25).

Som det står i Efesierbrevet 6:11, *"Tag på er hela Guds vapenrustning, så att ni kan stå emot djävulens listiga angrepp."* behöver vi utrusta oss själv med Sanningens Ord från Gud och modigt driva ut fienden djävulen och Satan genom tro.

Varför placerade Gud trädet med kunskap om gott och ont i Edens lustgård?

Gud placerade inte trädet med kunskap om gott och ont i Edens Lustgård för att driva människan till förgörelse utan för att ge dem sann lycka. I det att många människor inte förstår Guds djupa plan, missförstår man Hans kärlek och rättvisa och vill inte heller tro på Honom De lever ett tråkigt och livlöst liv utan att finna det sanna syftet med deras liv.

Så varför placerade då Gud trädet med kunskap om gott och ont i Edens lustgård och varför ger det oss en stor välsignelse?

Adam och Eva kände inte till sann lycka

Edens lustgård var väldigt vacker och överflödande rik, långt utöver vad vi kan föreställa oss. Gud gjorde att alla slags träd växte upp från grunden. De var välbehagliga att se och gav god mat. Mitt i lustgården fanns livets träd och trädet med kunskap om gott och ont (1 Mosebok 2:9).

Varför placerade Gud trädet med kunskap om gott och ont mitt i lustgården bredvid livets träd så att det kunde synas väl? Gud hade aldrig tänkt driva bort dem in på vägen till döden eller att fresta dem till att äta av frukten på trädet. Det var Guds försyn för att låta oss förstå korrelationen mellan trädet med kunskap om gott och ont och bli Hans sanna och andliga barn som kunde känna Hans hjärta.

Medan människor upplever tårar, sorg, fattigdom och sjukdomar i den här världen, tror man att Adam och Eva måste ha varit väldigt lyckliga i Edens lustgård för att det inte upplevde någon smärta som tårar, sorg, fattigdom och sjukdom i den här världen. Men människorna i Edens lustgård kände varken till sann lycka eller till sann kärlek för de hade aldrig upplevt motsatsen.

Låt oss se på ett exempel med två pojkar. Den ene föddes och växte upp i fattigdom medan den andre blev född in i överflöd och njöt av det. Om du skulle ge båda två en väldigt dyr leksak som gåva, vilket gensvar skulle du få från dem båda? Pojken som växte upp med stort överflöd skulle inte vara så tacksam därför att han knappt kände till leksakers värde. Men pojken som växte upp i fattigdom skulle bli riktigt tacksam och betrakta leksaken som väldigt värdefull.

Sann lycka kommer genom korrelationen

De som upplever korrelerade ting som frihet/ofrihet eller överflöd/brist kan njuta av sann frihet eller sant överflöd. I motsats till Edens Lustgård finns det många ting i denna värld som korrelerar med varandra. Om du vill lära känna och njuta av någots sanna värde måste du uppleva dess korrelation med andra ting. Du kan inte förstå någots sanna värde helt och fullt förrän du har upplevt den andra sidans aspekter.

Om du till exempel vill lära känna sann lycka måste du uppleva olycka. Om du vill lära känna den sanna kärlekens värde måste du uppleva hat. Du kan inte förstå din hälsas fulla värde förrän du har upplevt smärta i sjukdom eller dålig hälsa. Du kommer inte förstå det eviga livets värde och inte vara tacksam till Gud Fadern som förbereder den goda himlen förrän du förstår att det verkligen finns död och helvete.

Den första människan Adam njöt av att kunna äta vad helst han ville och hade auktoritet att förvalta allting i Edens lustgård. Han uppnådde allt detta utan smärtsam möda eller i sitt anletes svett. Därför uttryckte han inte heller tacksamhet till Gud som hade givit dem allt och han förstod inte Hans nåd och kärlek i sitt hjärta.

Senare blev Adam olydig mot Gud genom att äta av frukten. Han var en levande ande tills dess, men efter att han hade syndat dog hans ande och han blev en människa efter köttet. Han och hans hustru blev utdrivna ur Edens lustgård och började leva på den här jorden. Han började uthärda det han aldrig hade upplevt i Edens lustgård: tårar, sorg, sjukdomar, smärta, misslyckanden, död och så vidare. Till slut fick han uppleva allt som stod i motsats till lyckan som fanns i Edens lustgård.

I denna process lärde sig Adam och Eva att förstå och uppleva vad lycka och olycka var och hur värdefull friheten och överflödet som Gud hade givit dem i Edens lustgård var.

Ens liv är meningslöst om man lever för evigt utan att förstå vad lycka och olycka är. Även om du går igenom svårigheter nu kommer du värdera ditt liv mer och se det som mer meningsfullt om du får uppleva sann lycka senare.

Även fast föräldrar vet att deras barn kommer att tycka att studerande är jobbigt, låter de ändå dem gå till skolan. Om de älskar sina barn, kommer föräldrarna att hjälpa sina barn att studera ordentligt och uppleva allt slags gott. På samma sätt är det med Gud Faderns hjärta som sänder människan till denna värld och kultiverar dem som sina sanna barn genom alla slags upplevelser.

Av samma orsak placerade Gud trädet med kunskap om gott och ont i Edens lustgård och hindrade inte heller Adam och Eva från att äta från det med deras egen fria vilja. Han gjorde det så att människan skulle uppleva all slags glädje, vrede, sorg och njutning i denna värld och bli Hans sanna barn på det sätt Han kultiverande om mänskligheten.

Genom smärtsamma erfarenheter kunde de individuellt komma att förstå det sanna värdet och meningen med detta, i djupet av deras hjärtan.

För att de kommer att ha upplevt och känt av sann lycka genom Hans kultiverande, kommer Guds barn inte bedra Honom igen, som Adam gjorde i Edens Lustgård, oavsett hur lång tid som går. Istället kommer de att älska Honom ännu mycket mer, bli fyllda av glädje och tacksamhet och ge ännu större ära till Honom.

Sann lycka i himlen

Guds barn som har erfarit tårar, sorg, smärta, sjukdomar, död och så vidare i den här världen kommer att komma in i den eviga himlen och njuta av evig lycka, kärlek, glädje och tacksamhet för evigt. De kommer känna glädjen av perfekt lycka i himlen.

I denna köttsliga värld ruttnar allt och dör, men i det eviga himmelriket ruttnar ingenting; död, tårar och sorg finns inte där. Guld är mest ansett i den här världen men i det Nya Jerusalem i himlen är alla vägar gjorda av rent guld. De himmelska husen är vackert utsmyckade med värdefulla juveler. Hur underbara och vackra de är!

Jag ansåg att guld och juveler var det mest värdefulla tills jag mötte Gud och sedan när jag fick lära mig om den eviga himlen började jag se på allting i denna värld som fåfängligt eller värdelöst. Livet i den här världen är som ett ögonblick jämfört med den eviga världen. Om vi verkligen tror och hoppas på den eviga himlen kommer vi aldrig att älska den här världen. Istället kommer vi bara att tänka på vad vi kan och bör göra för att frälsa en till person eller hur vi skulle kunna nå ut med evangeliet till alla människor över hela världen. På det sättet skulle vi samla belöningar på hög i himlen genom att vi ger vårt bästa offer till Gud av hela vårt hjärta, utan att försöka föröka våra egna världsliga tillgångar på jorden.

Aposteln Paulus kunde gå igenom den tuffa vägen till slutet med glädje och tacksamhet för att han såg den tredje himlen som Gud visade honom i en vision. Han var tvungen att uthärda enorma lidanden som en apostel för hedningarna. Gud visade honom det vackra i himlen och uppmuntrade honom att fortsätta på vägen till sitt eviga hopp om himlen. Han blev slagen med påkar, allvarligt pryglad, stenad, ofta kastad i fängelse, och utgöt sitt blod medan han predikade evangeliet om Herren. Trots allt detta visste Paulus att allt detta skulle bli honom rikligen belönat, bortom all fantasi, i himlen. Alla hans svårigheter och lidande var för att ge honom stora himmelska belöningar.

Gudsmän sätter inte sitt hopp till denna värld. De lever endast för himmelriket. Denna värld är bara ett kort ögonblick för Gud, medan livet i himmelriket är evigt. Där finns inga tårar, ingen sorg eller lidande, ingen död. Så de kan alltid leva glada i hoppet om de stora belöningarna som Gud kommer att ge dem i himlen efter vad de har sått eller gjort.

Därför ber jag i vår Herre Jesu Kristi namn att du ska förstå den stora kärleken och omsorg som Gud Skaparen har och att du förbereder dig själv för att komma in i himlen så att du kan få njuta av evigt liv och sann lycka i en förundransvärt vacker och härlig himmel.

Kapitel 4

HEMLIGHETEN DOLD SEDAN TIDERNAS BEGYNNELSE

- Adam överlämnade auktoriteten
  till djävulen
- Lagen om jordegendomens återlösning
- Hemligheten dold sedan tidernas
  begynnelse
- Jesus är kvalificerad i enlighet med lagen

Vishet förkunnar vi emellertid bland de fullkomliga, en vishet som inte tillhör den här världen eller den här världens härskare, som går mot sin undergång. Nej, vi förkunnar Guds hemliga vishet, den vishet som är fördold och som Gud från evighet har bestämt att bli till härlighet för oss. Denna vishet har ingen av den här världens härskare känt - om de hade känt den, skulle de inte ha korsfäst härlighetens Herre.

1 Korinterbrevet 2:6-8

Adam och Eva blev frestade av ormen i Edens lustgård, var olydiga mot Guds befallning och åt från trädet med kunskap om gott och ont för att de i sina sinnen hade begär efter att bli som Gud. Det resulterade i att de och alla deras efterkommande blev syndare.

Från mänskligt perspektiv tänker man att Adam och Eva det måste ha varit fruktansvärt att de blev utdrivna ur Edens lustgård och fick börja gå på dödens väg. Andligt sett är det dock en förundransvärd välsignelse från Gud eftersom de skulle få chansen att åtnjuta frälsningen, evigt liv och himmelska välsignelser genom Jesus Kristus.

Genom kultiverandet av mänskligheten har hemligheten om vår härlighet som varit gömd sedan tidernas begynnelse blivit uppenbarad och vägen till frälsning har blivit vidöppnad för alla nationer. Låt oss gå djupare in i denna hemlighet som varit dold sedan tidernas begynnelse och hur vägen till frälsning har öppnats.

Adam överlämnade auktoriteten till djävulen

I Lukas 4:5-6 läser vi om djävulen som frestar Jesus, som just hade avslutat en 40-dagars fasta:

Då förde djävulen honom högt upp och visade honom
för ett ögonblick alla riken i världen och sade: "Dessa
rikens hela makt och härlighet vill jag ge dig, ty åt mig
har den överlämnats och jag ger den åt vem jag vill."

Djävulen sa att han skulle överlämna auktoriteten till Jesus
eftersom den hade blivit överlämnad till honom av någon. Varför
tillät Gud, som råder och regerar över allting, att all auktoritet
skulle överlämnas till djävulen?

I 1 Mosebok 1:28 står det, *"Gud välsignade dem och sade*
till dem: 'Var fruktsamma och föröka er och uppfyll jorden!
Lägg den under er och råd över fiskarna i havet, över fåglarna
under himlen och över alla djur som rör sig på jorden!'"

Adam mottog auktoriteten och makten att råda och regera
över allting från Gud. Han var herre över allting men efter en
lång tid, blev han och hans hustru lurade att äta från trädet med
kunskap om gott och ont av den listiga ormen. Han begick
olydnadens synd mot Gud.

Det står i Romarbrevet 6:16 *"Vet ni inte att om ni gör er till*
slavar under någon och lyder honom, då är ni hans slavar och
det är honom ni lyder, antingen under synden, vilket leder till
död, eller under lydnaden, vilket leder till rättfärdighet?" Du
är slav antingen under synden eller under rättfärdigheten. Om
du begår synder är du slav under synden och kommer att gå mot
döden. Om du lyder rättfärdighetens ord kommer du istället att
vara slav under rättfärdigheten och komma in i himlen.

Adam begick olydnadens synd mot Gud och blev slav under synden. Så nu kunde han inte längre utöva den auktoritet och makt som Gud hade givit honom. Han var tvungen att överlämna auktoriteten och makten till djävulen precis som en slavs tillhörigheter tillhör hans herre. Kort sagt, Adam överlämnade auktoriteten och makten som Gud hade gett honom till djävulen för att han syndade och blev slav under synden.

Adams olydnad resulterade i att alla människor hamnade i synd. Det resulterade i att han och alla hans efterkommande blev tvungna att tjäna djävulen som slavar och vara dömda till döden.

Lagen om jordegendomens återlösning

Varför måste människor bli frigjorda från fienden djävulen och Satan och bli frälsta från synden och döden? Somliga säger, "Gud förlåter alla ovillkorligen för Gud är kärlek. Han överflödar i medlidande och barmhärtighet." Men 1 Korinterbrevet 14:40 säger, *"Men låt allt ske på ett värdigt sätt och med ordning."* Gud gör allt på ett ordningsamt sätt i enlighet med de andliga lagarna. Gud gör inget emot de andliga lagarna för Gud är rättfärdig och rättvis.

I den andliga världen finns det en lag för att straffa syndare som säger, "Syndens lön är döden". Det finns också en lag som återlöser syndare. Denna andliga lag kan appliceras för att återfå auktoriteten som Adam överlämnade åt djävulen.

Vad innebär då lagen om syndarnas återlösning? Det är en lag om återlösning av jordegendom som finns nedskriven i det Gamla Testamentet. Före tidernas begynnelse hade Gud Fadern i förväg förberett en hemlig väg för mänsklighetens frälsning genom denna lag.

Vad innebär lagen om jordegendomens återlösning?

Det är Guds befallning till israeliterna i 3 Mosebok 25:23-25:

När ni säljer jord, skall ni inte sälja den för all framtid, ty landet är mitt. Ni är främlingar och gäster hos mig. I hela det land ni får till besittning skall ni medge rätt att köpa tillbaka jordegendom. Om din broder blir fattig och säljer något av sin besittning, skall hans återlösare komma till honom och lösa tillbaka det brodern har sålt.

Varje jordstycke tillhör Gud och kan inte säljas för all framtid. Om någon sålde sin jordegendom på grund av fattigdom, tillät Gud honom eller hans återlösare, hans broder, att köpa tillbaka egendomen när de kunde. Detta är lagen om jordegendomens återlösning.

När Israels folk sålde och köpte jordegendom gjorde de upp kontrakt i enlighet med lagen om jordegendomens återlösning om att inte sälja egendomen permanent.

Säljaren och köparen skrev ner detaljer om innehållet i jordegendomen på ett kontrakt så att säljaren eller hans närmaste anhörig skulle kunna återlösa det senare. De gjorde en kopia av det och stämplade med bådas sigill på de båda kontrakten framför två eller tre vittnen. Ett kontrakt blev förseglat och förvarat i ett arkiv i det heliga templet. Det andra kontraktet förvarades i en huvudingång, öppet och oförseglat. Lagen om jordegendomens återlösning tillät säljaren och hans närmaste anhörig att återlösa landet när som helst.

Lagen om jordegendomens återlösning och människans frälsning

Varför förberedde Gud en väg för människan att bli frälst i enlighet med lagen om jordegendomens återlösning? 1 Mosebok 3:19 och 23 säger oss tydligt att lagen om jordegendomens återlösning och mänsklighetens frälsning är direkt sammankopplade:

> *I ditt anletes svett skall du äta ditt bröd tills dess du vänder åter till jorden, ty av den har du tagits. Jord är du, och jord skall du åter bli (1 Mosebok 3:19).*

> *Och HERREN Gud sände bort dem från Edens lustgård, för att de skulle bruka jorden som de tagits ifrån (1 Mosebok 3:23).*

Gud sa till Adam efter hans olydnad, "Jord är du, och jord skall du åter bli". Jorden symboliserar att människan hade blivit formad av jorden. Därför måste människan återvända till jorden efter döden.

Lagen om jordegendomens återlösning säger att hela landet är Guds och kan aldrig säljas för all framtid (3 Mosebok 25:23-25). Dessa verser menar att människan skapades från jorden, från landet som tillhör Gud och som inte kan säljas permanent, för all framtid. Det indikerar också att ingen auktoritet och makt som Adam hade mottagit från Gud i Edens lustgård kunde säljas permanent för all framtid, för att det tillhör Gud.

Adams auktoritet blev överlämnad till fienden djävulen och Satan men den som är lämplig kan återlösa Adams förlorade auktoritet och återställa den från fienden djävulen. På samma sätt har Gud som är rättfärdig och rättvis, bestämt en perfekt återlösare i enlighet med lagen om jordegendomens återlösning. Det är alla människors Frälsare.

Hemligheten dold sedan tidernas begynnelse

Före tidernas begynnelse, visste kärlekens Gud att Adam skulle vara olydig mot Honom och att alla hans efterkommande skulle falla in på dödens väg. Han förberedde en väg för mänsklighetens frälsning i hemlighet och dolde den tills den tiden som Han hade utvalt för sin ankomst.

Om djävulen hade vetat om Guds väg skulle den ha hindrat Gud från att lösa alla människor från synden och döden så att den inte skulle förlora sin auktoritet. 1 Korinterbrevet 2:7 säger, *"Nej, vi förkunnar Guds hemliga vishet, den vishet som är fördold och som Gud från evighet har bestämt att bli till härlighet för oss."*

Jesus Kristus, Guds visdom

Romarbrevet 5:18-19 säger, *"Alltså: liksom en endas fall ledde till fördömelse för alla människor, så har en endas rättfärdighet för alla människor lett till en frikännande dom som leder till liv. Liksom de många stod som syndare på grund av en enda människas olydnad, så skulle också de många stå som rättfärdiga på grund av den endes lydnad."*

Alla människor skulle bli rättfärdiga och bli frälsta genom lydnaden från en enda människa precis som olydnaden från en enda människa gjorde alla människor till syndare och gjorde att människan började vandra på dödens väg.

Så sände Gud Jesus Kristus, som Han hade förberett som vägen till frälsning i hemlighet och lät Honom bli korsfäst och sedan uppstånden. Sedan dess blir den som tror på Honom frälst. I 1 Korinterbrevet 1:18 säger Gud till oss, *"Ty detta budskap om korset är en dårskap för dem som blir förtappade, men för oss som blir frälsta är det en Guds kraft."*

Det låter dåraktigt för somliga att Gud den Allsmäktiges Son blev förolämpad och dödad av sin egen skapelse. Men denna "dåraktiga" plan av Gud är oändligt mycket visare är de visaste av alla människans planer och Guds "svaghet" är oändligt mycket starkare än det starkaste av människor (1 Korinterbrevet 1:19-24).

Bibeln förklarar uttryckligen att ingen kan bli rättfärdig i Guds ögon genom att hålla lagen. Ändå har Gud öppnat frälsningens väg för alla som tror på Jesus Kristus på detta enkla sätt.

Syndens lön är döden. Därför hade ingen kunnat bli frälst om inte Jesus hade dött för våra synder. Jesus korsfästes för våra synder och uppstod igen genom Guds kraft. Gud förberedde denna väg, som kan verka svag och dåraktig, och dolde den under en lång tid.

Gud hade gömt Jesus Kristus och Hans korsfästelse i hemlighet för att om fienden djävulen och Satan hade känt till planerna, skulle de ha hindrat mänsklighetens väg till frälsning. Djävulen skulle aldrig ha dödat Jesus på korset om han hade vetat att Gud genom det hade förberett en frälsningsväg för alla människor ut från synden, att frälsa dem från döden, och att återta Adams auktoritet från djävulen.

Kom återigen ihåg 1 Korinterbrevet 2:7-8: *"Nej, vi förkunnar Guds hemliga vishet, den vishet som är fördold och som Gud från evighet har bestämt att bli till härlighet för oss. Denna vishet har ingen av den här världens härskare känt - om de hade känt den, skulle de inte ha korsfäst härlighetens Herre."*

Jesus är kvalificerad i enlighet med lagen

Precis som varje kontrakt har regleringar, har den andliga världen en regel som dikterar att en återlösare måste vara kvalificerad för att återupprätta Adams förlorade auktoritet från djävulen i enlighet med lagen om jordegendomens återlösning.

Låt oss till exempel säga att en man går i bankrutt med sitt företag. Han har en stor skuld men har ingen möjlighet att betala av den. Om han har en rik bror som älskar honom kommer han betala av alla hans skulder direkt.

Alla människor som är syndare sedan Adams fall behöver en återlösare som är kvalificerad att rena dem från synderna. Vad är då kvalifikationerna för återlösaren? Varför säger Bibeln att bara Jesus är kvalificerad?

Först och främst måste återlösaren vara en människa

I 3 Mosebok 25:25 står det, *"Om din broder blir fattig och säljer något av sin besittning, skall hans återlösare komma till honom och lösa tillbaka det brodern har sålt."* Lagen om återlösning av jordegendom säger att om en man blir fattig och säljer sin egendom kan hans närmaste anhörig återlösa vad han har sålt.

1 Korinterbrevet 15:21-22 säger, *"Ty eftersom döden kom genom en människa, så kom också de dödas uppståndelse genom en människa. Liksom i Adam alla dör, så skall också i Kristus alla göras levande."*

Första kvalifikationen för återlösaren av Adams auktoritet är att han måste vara en människa. Detta faktum beskrivs även i detalj i Uppenbarelseboken 5:1-5:

Och jag såg i högra handen på honom som satt på tronen en bokrulle med skrift både på insidan och

utsidan, förseglad med sju sigill. Och jag såg en väldig
ängel som ropade med hög röst: "Vem är värdig att
öppna bokrullen och bryta dess sigill?" Men ingen i
himlen eller på jorden eller under jorden kunde öppna
bokrullen eller se in i den. Och jag grät bittert över att
det inte fanns någon som var värdig att öppna bokrullen
eller se in i den. Men en av de äldste sade till mig:
"Gråt inte! Se, lejonet av Juda stam, Davids rotskott,
har segrat, och han kan öppna bokrullen och bryta dess
sju sigill."

Orden "en bokrulle med skrift både på insidan och utsidan,
förseglad med sju sigill" pekar på kontraktet som skrevs mellan
Gud och djävulen då Adam hade varit olydig mot Gud och blivit
en syndare. Aposteln Johannes kunde inte se någon som var
värdig att bryta sigillen och öppna bokrullen, varken i himlen, på
jorden, eller under jorden.

Det var för att änglarna i himlen inte är människor, och alla
människor på jorden är syndare eftersom de är Adams
efterkommande, och under jorden finns det bara onda andar
som tillhör djävulen och döda själar som kommit till helvetet.

Vid den tiden sa en av de äldste till Johannes, "Gråt inte! Se,
lejonet av Juda stam, Davids rotskott, har segrat, och han kan
öppna bokrullen och bryta dess sju sigill." Här hänvisar "Davids
rotskott" till Jesus, som föddes i nedstigande led från kung
David, från Juda stam (Apostlagärningarna 13:22-23). Därför
har Jesus uppnått det första villkoret för lagen om återlösning av
jordegendom.

Somliga säger att "Guds existens är absolut. Jesus är verkligen Gud eftersom Han är Guds Son. Han är aldrig helt och fullt människa." Men kom ihåg Johannes 1:1 som säger, *"Ordet var Gud"* och Johannes 1:14 som säger, *"Ordet blev kött och bodde bland oss."* Gud, som var Ordet, blev kött och bodde här på jorden bland oss.

Det var Jesus, vars ursprung var Gud, som blev människa. Han var Ordet i sitt ursprung och Guds Son. Han hade mänsklighet och gudomlighet. Men Han växte upp som människa i köttet. Mänsklighetens historia är uppdelad i två delar, med Jesu födelse som avdelare: F Kr som betyder "Före Kristus", och E Kr som betyder "Efter Kristus". Detta faktum bevisar att Jesus blev kött och kom för att bo här på jorden. Jesu födelse, uppväxt och korsfästelse är också delar av detta självklara faktum.

Jesus är därför människa och på så sätt kvalificerad att bli vår återlösare.

För det andra får återlösaren inte vara Adams efterkommande

En låntagare kan inte betala av andra personers skuld. Bara den som inte har någon skuld och som har kapacitet att hjälpa kan betala av den. På samma sätt måste mänsklighetens återlösare vara oklanderlig och fläckfri för att kunna återlösa alla människor från synd. Alla människor är Adams efterkommande och därmed syndare eftersom mänsklighetens förfader Adam syndade. Ingen av hans efterkommande är kvalificerad att bli återlösare av mänskligheten därför att de alla är syndare. Även den störste i historien kan inte ta ansvar för någon annans synd.

Har Jesus denna möjlighet?

Matteus 1:18-21 beskriver Jesu födelse. Han blev avlad genom den Helige Ande, inte genom förenandet av en man och en kvinna. Det står:

> *Med Jesu Kristi födelse gick det till så: hans mor Maria var trolovad med Josef, men innan de hade kommit tillsammans, visade det sig att hon var havande genom den helige Ande. Josef, hennes man, var god och rättfärdig. Han ville inte dra vanära över henne, och därför beslöt han att i hemlighet skilja sig från henne. Men när han tänkte på detta, se, då visade sig en Herrens ängel för honom i en dröm och sade: "Josef, Davids son, var inte rädd att ta till dig Maria, din hustru, ty barnet i henne har blivit till genom den helige Ande. Hon skall föda en son, och du skall ge honom namnet Jesus, ty han skall frälsa sitt folk från deras synder."*

Jesus var Davids efterkommande i enlighet med sitt släktled (Matteus 1; Lukas 3:23-37). Men Han blev avlad genom den Helige Ande innan Maria hade blivit förenad med Joseph. Därför hade Han inte någon syndfull natur.

Alla föds med arvsynden för man ärver den syndfulla naturen från sina föräldrar. Med andra ord, efter att Adam hade syndat, förde han vidare sin syndfulla natur till alla sina efterkommande.

Den syndfulla naturen har blivit nedärvd till alla människor till denna dag och den synden kallas för "arvsynden". På grund av detta är alla Adams efterkommande syndare och kan inte återlösas av någon annan människa.

Därför planerade Gud Fadern att Hans Son Jesus skulle bli avlad av den Helige Ande in i Marias livmoder. På detta sätt blev Jesus kött och kom ner till den här världen, men han blev inte en av Adams efterkommande.

För det tredje måste återlösaren ha kraft att övervinna djävulen

3 Mosebok 25:26-27 säger oss:

Om någon inte har någon återlösare, men själv får möjlighet att skaffa vad som behövs för återköp, skall han räkna efter hur många år som gått efter försäljningen och betala lösen för de återstående åren till den han sålde åt. Han skall så återvända till sin egendom.

Kort sagt måste en återlösare ha kraft att köpa tillbaka den sålda egendomen. En fattig man kan inte betala av sin väns skuld även om han verkligen vill det. På samma sätt kan en återlösare inte ha synd om han ska kunna frälsa alla människor från deras synder. Att inte ha någon synd ger en styrka i den andliga världen.

Återlösaren måste ha kraft att besegra fienden djävulen och

Satan och återupprätta Adams förlorade auktoritet. Det betyder att återlösaren inte kan ha någon arvsynd eller någon egen synd. Bara en syndfri återlösare kan besegra djävulen och befria alla människor från djävulen.

Var Jesus syndfri?

Jesus hade ingen arvssynd för Han blev avlad genom den Helige Ande. Han lydde Guds lag helt och fullt för Han växte upp under föräldrar som fruktade Gud. Han uppfyllde lagen i kärlek. Han blev omskuren på den åttonde dagen efter sin födelse (Lukas 2:21). Han begick aldrig några egna synder utan lydde bara Gud Faderns vilja tills Han blev korsfäst vid en ålder av 33 år (1 Petrusbrevet 2:22-24, Hebreerbrevet 7:26).

Jesus kunde besegra djävulen och återlösa alla människor på grund av att Han inte hade någon synd alls. Hans "syndfrihet" blev bevisad genom Hans många kraftgärningar. Han drev ut demoner, blinda fick sin syn, döva fick sin hörsel, lama gick och han helade många obotliga sjukdomar. En stark storm stillade Han och stormvinden la sig när Han näpste vinden och sa till vattnet "Var stilla"! (Markus 4:39).

Slutligen måste återlösaren ha en uppoffrande kärlek

Inte ens en rik man kan inte återlösa jordegendom om han inte har kärlek till människan som sålde egendomen. På samma sätt måste återlösaren ha kärlek till syndarna till den grad att Han offrar sig själv för att en gång för alla lösa syndens problem.

I Rut 4:1-6 var Boas väl medveten om Naomis fattigdom och

sa till hennes närmaste anhörig – en återlösare – att köpa tillbaka egendomen om han ville det. Men mannen vägrade och sa till Boas, "*Återlösaren svarade: 'Då kan jag inte lösa in den, för då skulle jag skada min egen arvslott. Lös du in det jag skulle ha löst in, för jag kan inte göra det.'*" (v. 6). Han återlöste inte egendomen för Naomi och Rut trots att han var rik nog att göra det. Det var för att han inte hade någon uppoffrande kärlek. Men nästa närmaste anhörig, Boas, återlöste egendomen för han hade uppoffrande kärlek.

Boas blev en legal återlösare och gifte sig med Rut för att han hade tillräckligt med kärlek för att återlösa Naomis egendom. Boas och Ruts son blev farfar till kung David och finns nedskriven i Jesu släktled.

Jesus korsfästes på grund av kärlek. Jesus var Ordet, men blev kött och kom till den här jorden. Han blev inte en efterkommande till Adam för att Han hade blivit avlad genom den Helige Ande. Han föddes därför inte med arvsynden. Han hade kraft att återlösa alla människor från synden på grund av att han var syndfri.

Men Han hade inte kunna bli återlösare utan en andlig och uppoffrande kärlek även om Han hade haft de andra tre kvalifikationerna. Han var tvungen att ta straffet för synderna som syndarna hade blivit dömda till för att kunna återlösa mänskligheten från synden.

Han var tvungen att bli behandlad som den mest allvarligaste och farligaste förbrytaren och bli upphängd på det grova träkorset. Han var tvungen att bli förolämpad och hånad, och utgjuta blod och vatten från sin kropp för att frälsa alla människor. Han var tvungen att betala ett oerhört högt pris och göra en stor uppoffring.

Du kan inte finna någonstans i mänsklighetens historia att en fläckfri furste dog för sitt onda och eländiga folk. Jesus är den ende som gjort det, Gud den Allsmäktiges ende Son, kungars Kung, herrars Herre, och hela skapelsens Mästare. Denne stora och ädla, fläckfria Jesus hängdes upp på ett kors och dog i det att Han utgöt sitt blod. Hur oändligt stor är den kärlek Han har för oss?

Jesus gjorde bara goda gärningar genom hela sitt liv. Han förlät syndare, botade alla slags sjuka människor, befriade många människor från demoner, gav goda nyheter om frid, glädje, och kärlek, och gav människorna ett uppriktigt hopp om himlen och frälsning. Utöver allt detta gav Han sitt eget liv för syndare.

Romarbrevet 5:7-8 säger, *"Knappast vill någon dö för en hederlig människa - kanske vågar någon gå i döden för den som är god. Men Gud bevisar sin kärlek till oss genom att Kristus dog i vårt ställe, medan vi ännu var syndare."* Gud Fadern sände sin enfödde Son Jesus för oss som varken var rättfärdiga eller goda, och tillät att Han blev upphängd på korset och dö där. Han demonstrerade sin stora kärlek på detta sätt.

Därför ber jag i Herrens namn att du ska förstå att du inte kan bli frälst genom något annat namn än genom Jesus Kristus, och få rätten att bli Guds barn genom att du accepterar Jesus Kristus, och sedan komma att kunna åtnjuta ett triumferande liv, säker på din frälsning.

Kapitel 5

VARFÖR ÄR JESUS VÅR ENDA FRÄLSARE?

- Frälsningens försyn genom
  Jesus Kristus
- Varför blev Jesus upphängd på
  ett träkors?
- Inget annat namn i världen än
  "Jesus Kristus"

Jesus är stenen som ni byggnadsarbetare kastade bort, men som blev en hörnsten. Hos ingen annan finns frälsningen. Inte heller finns det under himlen något annat namn, som givits åt människor, genom vilket vi blir frälsta.

Apostlagärningarna 4:11-12

Vi kommer att älska Gud av hela vårt hjärta när vi förstår Hans djupa och påpassliga omsorg för mänsklighetens kultiverande. Vi kommer ännu mer kunna beundra Hans kärlek och visdom när vi förstår omsorgen och försynen i frälsningen genom Jesus Kristus.

Hur blev den omsorg för frälsning som hade varit gömd sedan tidernas begynnelse uppfylld genom Jesus Kristus? Jag sa tidigare att rättfärdighetens Gud har förberett en som är kvalificerad för att återlösa alla människor i enlighet med den andliga lagen och att det inte finns någon annan är Jesus under himlen som kan möta upp alla dessa villkor.

Jesus är den enda människan som inte är en efterkommande till Adam på grund av att han blev avlad genom den Helige Ande och kom till jorden i köttet. I tillägg till detta hade Han både kraft och kärlek till att återlösa alla människor. Genom att bli korsfäst kunde Han öppna frälsningsvägen för alla människor.

Det står i Apostlagärningarna 4:12, *"Inte heller finns det under himlen något annat namn, som givits åt människor, genom vilket vi blir frälsta."* Den som accepterar och tror på Jesus Kristus är förlåten alla synder och har blivit frälst. Han kommer ut i ljuset från mörkret och tar emot auktoritet och välsignelser som Guds barn.

Frälsningens försyn genom Jesus Kristus

Gud förberedde vägen till frälsning före tidernas begynnelse. 1 Mosebok profeterade om Jesus och om hemligheten bakom mänsklighetens frälsning genom korset.

1 Mosebok 3:14-15 säger:

Då sade HERREN Gud till ormen: "Eftersom du har gjort detta, skall du vara förbannad bland alla boskapsdjur och vilda djur. På din buk skall du gå, och jord skall du äta så länge du lever. Jag skall sätta fiendskap mellan dig och kvinnan och mellan din avkomma och hennes avkomma. Han skall krossa ditt huvud och du skall hugga honom i hälen."

Som tidigare nämnt talas det här andligt sett om fienden djävulen som "ormen", och att "äta jord" symboliserar att fienden djävulen skulle härska över människan som blivit skapad från markens jord. "Kvinnan" symboliserar Israel och "kvinnans avkomma" Jesus. Frasen "Du [ormen] skall hugga honom i hälen", symboliserar att Jesus skulle bli korsfäst, och "han [kvinnans säd] skulle krossa hans [ormens] huvud" betyder att Jesus skulle bryta fienden djävulen och Satans läger genom uppståndelsen från de döda.

Satan kunde inte förstå Guds plan

Gud hade dolt frälsningens försyn i hemlighet så att fienden djävulen och Satan inte skulle kunna veta och greppa Hans visdom.

Fienden djävulen och Satan försökte döda kvinnans avkomma innan han blev krossad. Han trodde att han för evigt hade auktoriteten som hade blivit överlämnad till honom från Adam, som hade varit olydig mot Gud. Men fienden djävulen och Satan visste inte vem kvinnans avkomma var. Därför dödade han profeter som var älskade av Gud gång på gång i det Gamla Testamentet.

När Mose föddes, fick fienden djävulen och Satan kungen i Egypten, Farao, att döda alla pojkar som föddes av hebreiska kvinnor (2 Mosebok 1:15-22). När Jesus hade blivit avlad genom den Helige Ande och kommit till jorden i köttet, fick fienden djävulen och Satan kung Herodes att göra samma sak som Farao. Men Gud kände redan till fienden Satans planer. Herren ängel uppenbarade sig för Josef i en dröm och sa till honom att fly till Egypten med barnet och dess moder. Gud tillät familjen att bo där till dess att kung Herodes var död.

Jesu korsfästelse tilläts av Gud

Jesus växte upp under Guds beskydd och påbörjade sin tjänst när Han var 30 år gammal. Han vandrade runt i Galiléen, undervisade i synagogorna, botade alla slags sjukdomar bland folket, uppväckte döda och predika evangeliet för de fattiga

(Matteus 4:23, 11:5).

Under tiden planerade fienden djävulen och Satan att få översteprästerna, lagens lärare, och fariséerna att döda Jesus. Men vi kan läsa i Bibeln att ingen ond man ens kunde röra vid Jesus därför att allt som hände i Hans liv skedde efter Guds stora försyn.

Gud tillät fienden djävulen och Satan att korsfästa Jesus efter bara tre år i tjänst. Jesus fick bära en törnekrona och dog på korset genom stor smärta efter att ha blivit fastnaglad genom sina händer och fötter.

Korsfästelse är det grymmaste avrättningssättet som finns. Fienden djävulen var väldigt nöjd efter att han hade dödat Jesus på detta grymma sätt. Satan sjöng segersånger för han trodde att han skulle kunna fortsätta regera över världen, och att det inte fanns någon som skulle kunna omintetgöra hans regim. Ändå fanns det en dold, hemlig omsorg och försyn från Gud.

Fienden djävulen och Satan bröt den andliga lagen

Gud använder inte sin absoluta och högsta makt för att göra emot lagen, för att Han är rättfärdig. Han förberedde en frälsningsväg genom de andliga lagarna före tidernas begynnelse, för Han gör allt genom de andliga lagarna.

Eftersom syndens lön är döden, så i enlighet med den andliga lagen i Romarbrevet 6:23, kan ingen dö om han inte har syndat. Men fienden djävulen och Satan korsfäste Jesus som var oklanderlig och fläckfri (1 Petrusbrevet 2:22-23). Genom att göra detta bröt fienden djävulen mot den andliga lagen och blev bedragen genom sina egna knep. Han blev ett instrument för mänsklighetens frälsning som hade blivit planerad av Gud. Kvinnans avkomma krossade hans huvud som det hade blivit profeterat om i 1 Mosebok.

En orm kan normalt kämpa emot om man trampar på dess svans eller hugger av dess kropp, men den kan inte kämpa emot om man håller hårt i dess huvud. Därför, när det står: *"Jag skall sätta fiendskap mellan dig och kvinnan och mellan din avkomma och hennes avkomma. Han skall krossa ditt huvud och du skall hugga honom i hälen."*, betyder det andligt sett att fienden Satan kommer att förlora sin makt och auktoritet på grund av Jesus Kristus. Att ormen skulle hugga avkomman i hälen betyder andligt sett att Satan skulle korsfästa Jesus, och det blev uppfyllt, precis som det blev sagt i 1 Mosebok 3:15.

Frälsning genom Jesu korsfästelse

Vägen till frälsning som hade varit dold av Gud sedan tidernas begynnelse, blev uppfylld när Jesus uppstod på den tredje dagen efter hans korsfästelse.

För ca 6,000 år sedan var Adam tvungen att överlämna sin gudagivna auktoritet till fienden djävulen när han bröt mot den andliga lagen genom sin olydnad (Lukas 4:6). Men ca 4,000 år därefter var Satan tvungen att gå ödeläggelsens väg för att han bröt mot den andliga lagen.

Därför var fienden djävulen tvungen att släppa dem fria som accepterade Jesus som deras Frälsare och som trodde på Hans namn, och de kom att ta emot rättigheten att bli Guds barn.

Skulle fienden djävulen ha korsfäst Jesus om han hade känt till denna Guds visdom? Inte alls! I 1 Korinterbrevet 2:8 blir vi påminda om att: *"Denna vishet har ingen av den här världens härskare känt - om de hade känt den, skulle de inte ha korsfäst härlighetens Herre."*

De som inte förstår detta faktum i dessa dagar undrar också, "Varför kunde Gud den Allsmäktige inte beskydda sin Son från döden? Varför lät Han Honom dö på korset?" Men om du grundligt förstod försynen i korset, skulle du förstå varför Jesus var tvungen att bli korsfäst och hur Han kunde bli kungars Kung och herrars Herre efter Hans triumferande seger över fienden djävulen. Därför, den som tror på Jesus som Frälsaren som dog på korset och som återuppstod tre dagar senare för att återlösa människan från alla synder blir proklamerad rättfärdig och kan bli frälst.

Varför blev Jesus upphängd på ett träkors?

Varför blev då Jesus upphängd på ett träkors? Varför skulle det vara ett träkors? Av alla olika slags avrättningsmetoder som finns, dog Jesus på ett träkors. I enlighet med Galaterbrevet 3:13-14 finns det tre andliga orsaker till varför Jesus blev upphängd på ett träkors.

För det första, för att friköpa oss från lagens förbannelse

I Galaterbrevet 3:13 står det, *"Kristus friköpte oss från lagens förbannelse, när han blev en förbannelse i vårt ställe. Det står skrivet: Förbannad är var och en som är upphängd på trä."* Det förklarar att Jesus friköpte oss från lagens förbannelse genom att bli upphängd på ett träkors.

Alla människor blev förbannade och därav bestämda till att gå dödens väg på grund av den första människan Adams olydnad, i enlighet med vad som står skrivet i Romarbrevet 6:23, "syndens lön är döden". Men Gud gav sin Son Jesus för mänskligheten och lät Honom bli upphängd på ett träkors för att friköpa dem från lagens förbannelse (5 Mosebok 21:23).

Vidare, Jesus utgöt sitt dyrbara blod på korset. Notera vers 11 och 14 i 3 Mosebok 17:

> *Ty kroppens liv är i blodet, och jag har givit er det till altaret, till att bringa försoning för era själar. Det är blodet som bringar försoning genom själen som är i det. (v. 11).*

> *Ty varje kropps liv är dess blod ... (v.14).*

Författaren till Tredje Mosebok skriver att livet är i blodet för att varje varelse behöver blod för att kunna leva och skulle dö utan det.

När någon dör, återgår hans kropp till jord och hans själ

kommer att gå till himlen eller helvetet. För att ta emot evigt liv måste du bli förlåten alla dina synder. För att du ska kunna bli förlåten, måste ett utgjutande av blod ske, som det står i Hebreerbrevet 9:22, *"Så renas enligt lagen nästan allt med blod, och utan att blod utgjuts ges ingen förlåtelse."* På grund av detta var människorna på Gamla Testamentets tid tvungna att offra blod från djur närhelst de hade syndat. Men Jesu dyrbara blod som utgöts en gång för alla, kunde göra alla människor syndfria och förlåtna och ge dem evigt liv på grund av att Han själv varken hade arvsynden eller hade syndat själv.

Du kan också ta emot evigt liv på grund av Jesu dyrbara blod, för att Jesus dog i ditt ställe och öppnade vägen för dig att bli Guds barn.

För det andra, för att ge Abrahams välsignelser

Den första halvan av Galaterbrevet 3:14 säger *"Vi friköptes, för att den välsignelse Abraham fått skulle i Jesus Kristus komma till hedningarna."* Detta betyder att Gud ger välsignelser som givits till Abraham inte bara till israeliterna utan också till alla hedningar som blir förklarade rättfärdiga genom accepterandet av Jesus som deras Frälsare.

Abraham blev kallad "trons fader" och "Guds vän", och han levde i välsignelser av barn, hälsa, långt liv, rikedom och så vidare. Orsaken till att Abraham var så i överflöd välsignad finner vi i 1 Mosebok 22:15-18:

HERRENS ängel ropade ännu en gång till Abraham

från himlen: "Jag svär vid mig själv, säger HERREN:
Eftersom du har gjort detta och inte undanhållit mig din
ende son, skall jag rikligen välsigna dig och göra dina
efterkommande talrika som stjärnorna på himlen och
som sanden på havets strand, och din avkomma skall
inta sina fienders portar. I din avkomma skall alla
jordens folk bli välsignade, därför att du lyssnade till
min röst."

Abraham lydde när Gud sa till honom: *"HERREN sade till*
Abram: 'Gå ut ur ditt land och från din släkt och din fars hus
och bege dig till det land som jag skall visa dig.'" (1 Mosebok
12:1). Han lydde också utan ursäkter eller klagan när Gud sa,
"Tag din son Isak, din ende son, som du älskar, och gå till
Moria land och offra honom där som brännoffer på ett berg
som jag skall visa dig." (1 Mosebok 22:2). Abraham kunde
göra detta för att han trodde på Gud som kunde uppväcka från
de döda (Hebreerbrevet 11:19). Han blev en välsignelse och en
fader i tron eftersom han hade en sådan fast och stadig tro.

Därför får Guds barn som accepterar Jesus som sin Frälsare
samma tro som Abraham hade. Vi kommer att kunna ge ära till
Gud för alla välsignelser vi tar emot på jorden.

För det tredje, för att ge den utlovade Anden

Den andra halvan av Galaterbrevet 3:14 säger, *"och för att vi*
genom tron skulle få den utlovade Anden." Detta betyder att
den som tror att Jesus har dött på träkorset för alla människor

blir friköpt från lagens förbannelse och tar emot den utlovade Helige Ande. Det betyder också att den som tar emot Jesus som sin Frälsare accepterar inte bara den auktoritet som givs i det att man blir ett Guds barn utan också att leva i enlighet med Hans ord med tro.

Du kommer att bli frälst när du accepterar Jesus som din Frälsare och när du tror i ditt hjärta att Han har brutit dödens auktoritet och att Han återuppstod. Romarbrevet 10:9 talar om detta: *"Om du därför med din mun bekänner att Jesus är Herren och i ditt hjärta tror att Gud har uppväckt honom från de döda, skall du bli frälst."*

Före tidernas begynnelse hade Gud bestämt en fantastisk plan för att dem som tror på Jesus som Frälsaren skulle bli förenade med Gud och leda dem till frälsning. Denna plan är väldigt underbar och hemlighetsfull. Människor var tvungna att gå dödens väg för att den första människan syndade i enlighet med den andliga lagen som säger att "Syndens lön är döden". Men de kunde bli friköpta från lagens förbannelse och bli frälsta av tro genom samma lag, eftersom Satan bröt den andliga lagen.

Människorna var tvungna att lida smärtor, problem och död från fienden djävulen när de blev slavar under synden på grund av olydnad. Men den som accepterar Jesus som Frälsare och tar emot den Helige Ande kan få frälsning, evigt liv, uppståndelse och överflödande välsignelser.

Privilegiet och välsignelsen given till Guds barn

Den som öppnar sitt hjärta och accepterar Jesus Kristus är

förlåten och tar emot rättigheten att bli Guds barn och får njuta av frid och glädje i sitt hjärta. Detta är möjligt för att Jesus tog alla våra synder, en gång för alla, genom att bli korsfäst. Det är som det står i Psaltaren 103:12, *"Så långt som öster är från väster låter han våra överträdelser vara från oss."* Det står också i Hebreerbrevet 10:16-18: *"Detta är det förbund som jag skall sluta med dem efter denna tid säger Herren. Och sedan: Jag skall lägga mina lagar i deras hjärtan och skriva dem i deras sinnen, och deras synder och överträdelser skall jag aldrig mer komma ihåg. Och där synderna är förlåtna behövs det inte längre något syndoffer."*

Det finns ingenting i världen som förtjänar att bli jämfört med Guds barns rättigheter som givits till dem av tro. I den här världen är de rättigheter som kungars barn eller presidenters barn väldigt mäktiga. Hur stora är då inte rättigheterna för barnen till Gud Skaparen som regerar över hela världen och som råder över hela mänsklighetens historia och universum?

Gud ser det inte som sann tro om du bara säger, "Jesus är Frälsaren". Du behöver förstå vem Jesus Kristus är, varför Han är den enda Frälsaren för dig och ha sann tro grundad på den kunskapen. Sedan kan du, med den sanna tron, förstå Guds omsorg som är dold i korset och bekänna, "Kristus är Herren och den levande Gudens Son". Så kan du också leva i enlighet med Guds vilja. Utan denna sanna tro, är det väldigt svårt för dig att ha tro som kommer från hjärtat och leva i enlighet med Guds Ord. Därför säger Jesus till oss i Matteus 7:21, *"Inte skall var och en som säger Herre, Herre till mig komma in i himmelriket, utan den som gör min himmelske Faders vilja."*

Jesus deklarerar tydligt att bara de som säger "Herre, Herre" och som lever i Guds vilja kan bli frälst.

Inget annat namn i världen än "Jesus Kristus"

Apostlagärningarna 4 porträtterar en händelse där Petrus och Johannes frimodigt vittnar om Jesu Kristi namn inför Stora Rådet. De trodde helt och fullt att det inte finns något annat namn vid sidan om "Jesus Kristus", genom vilken människan kunde blir frälst, och Petrus proklamerar, uppfylld av den Helige Ande, *"Hos ingen annan finns frälsningen. Inte heller finns det under himlen något annat namn, som givits åt människor, genom vilket vi blir frälsta."*

Vad är den andliga innebörden i namnet "Jesus Kristus"? Och varför har Gud inte gett oss något annat namn genom vilket vi kan nå frälsningen?

Skillnaden mellan "Jesus" och "Jesus Kristus"

Apostlagärningarna 16:31 säger oss, *"Tro på Herren Jesus så blir du frälst, du och din familj."* Det finns en viktig orsak varför det står "Herren Jesus" och inte bara "Jesus".

"Jesus" betyder "en människa som skulle frälsa sitt folk från deras synder". "Kristus" är ett grekiskt ord som betyder "Messias" på hebreiska. Det är "den smorde" (Apostlagärningarna 4:27) och det syftar på Frälsaren som medlare mellan Gud och människan. Alltså, "Jesus" är namnet på den kommande frälsaren, medan "Kristus" är namnet på Frälsaren som redan har frälst människor.

Under Gamla Testamentets tid smorde Gud personen som skulle bli kung eller präst eller profet genom utgjutande av olja över huvudet på den som skulle bli smord (3 Mosebok 4:3, 1 Samuelsboken 10:1, 1 Kungaboken 19:16). Olja symboliserar den Helige Ande. Genom att smörja någon betyder det att den Helige Ande ges till personen som blivit utvald av Gud.

Jesus blev smord till Kung, Överstepräst och Profet och kom till den här världen i köttet för att frälsa alla människor i enlighet med Guds försyn som hade blivit förutbestämt före tidernas begynnelse. Han blev korsfäst för att återlösa oss och blev vår Frälsare genom att uppstå på den tredje dagen. Han är därför Frälsaren som har fullbordat Guds frälsningsförsyn. Därför är Han Kristus.

Före Jesu korsfästelse tilltalar vi till Honom bara som "Jesus". Men efter korsfästelsen och uppståndelsen ska Han tilltalas "Jesus Kristus", "Herren Jesus", eller "Herren".

Det finns en stor skillnad i kraft och makt mellan "Jesus" och "Jesus Kristus". Jesus var det namn Han fick innan Han uppfyllde frälsningens omsorg och fienden djävulen var inte så rädd för det namnet. Men namnet "Jesus Kristus" pekar på dessa tre: blodet som återlöser oss från våra synder; uppståndelsen som bröt dödens makt; och livet som är evigt. Inför detta namn, skakar fienden djävulen i fruktan.

Många människor nonchalerar detta faktum eftersom de inte förstår denna skillnad. Men sanningen är den att Guds verk och gensvar blir annorlunda beroende på vilket namn du åberopar (Apostlagärningarna 3:6).

När du ber till Gud i vår Herre Jesu Kristi namn och kommer ihåg detta du nu har lärt dig, kommer du leva ett segerrikt liv fyllt med snabba och överflödande svar från Gud den Allsmäktige.

Jesu fullständiga lydnad

Trots att Jesus var Gud i sin natur, räknade Han inte sig själv som likställd med Gud eller höll fast vid sina rättigheter som Gud. Han gjorde sig själv om intet; Han tog på sig en tjänares ödmjuka gestalt och kom i mänsklig form.

En god tjänare gör inte sin egen vilja. Han gör allt i enlighet med sin herres vilja istället för sin egen. Det är en tjänares plikt att lyda sin herres vilja vare sig han vill det eller inte. Jesus lydde Guds vilja av hela hjärtat som en god tjänare, och kunde därför fullföra frälsningsuppdraget.

Gud upphöjde Jesus, som lydde Hans vilja genom att säga "Ja" och "Amen", till den högsta positionen och låter många människor bekänna att Han är Herre.

Därför har också Gud upphöjt honom över allting och gett honom namnet över alla namn, för att i Jesu namn alla knän skall böja sig, i himlen och på jorden och under jorden, och alla tungor bekänna, Gud, Fadern, till ära, att Jesus Kristus är Herren. (Filipperbrevet 2:9-11).

Namnet "Herren Jesus" vittnar om Guds makt och kraft

Det står i Johannes 1:3, *"Genom honom har allt blivit till, och utan honom har inget blivit till, som är till."* Allt i världen blev skapat genom Jesus och därför har Han auktoritet att råda över allt som Skaparen. När Jesus, Son till Gud Skaparen befallde, var livlösa ting som en stormvind eller vågor tvungna att lyda Honom och lugna ner sig, och ett fikonträd torkade ut direkt efter att Han hade förbannat det.

Jesus hade auktoritet att förlåta synder och frälsa syndare från deras synders straff. Jesus sa till en lam man i Matteus 9:2, *"Var vid gott mod, mitt barn. Dina synder är förlåtna"* och sedan i vers 6, *"Men ni skall veta att Människosonen har makt här på jorden att förlåta synder."* Sedan sade han till den lame: *"Stig upp, ta din bädd och gå hem."*

I tillägg till detta hade Jesus kraft att bota alla slags sjukdomar och handikapp och uppväcka från de döda. Johannes 11 beskriver en händelse då den döde mannen Lasarus kommer ut från graven med sina händer och fötter inlindande efter att Jesus har utropat med hög röst, *"Lasarus, kom ut"!* Han hade varit död i fyra dagar och det fanns en mycket dålig lukt där, men han gick ut ur graven som en frisk man.

Jesus ger även dig det du ber om i tro, på grund av att Han har en underbar makt och kraft från Gud.

Jesus Kristus, Guds kärlek

I 1 Johannes brev 4:10 står det, *"Kärleken består inte i att vi har älskat Gud utan i att han har älskat oss och sänt sin Son till försoning för våra synder."* Gud visade sin förundransvärda kärlek för oss. Han sände sin enfödde Son som ett ställföreträdande offer medan vi fortfarande var syndare. Gud fick utstå enorm smärta och öppnade vägen till människans frälsning när Hans Son Jesus blev fastnaglad vid korset och utgöt sitt blod. Hur upplevde kärlekens Gud det när Han såg sin ende Son Jesus bli korsfäst? Gud kunde inte sitta på sin tron och titta på det. Matteus 27:51-54 berättar för oss hur mycket Gud led när Jesus blev korsfäst.

Och se, då brast förlåten i templet i två delar, uppifrån och ända ner, jorden skakade och klipporna rämnade, gravarna öppnades, och många heliga som hade insomnat fick liv i sina kroppar. De gick efter hans uppståndelse ut ur gravarna och kom in i den heliga staden och visade sig för många. När officeren och de som tillsammans med honom bevakade Jesus såg jordbävningen och det som hände, blev de mycket förskräckta och sade: "Denne var verkligen Guds Son."

Detta visar tydligt att Jesus inte blev korsfäst för att Han hade begått egna synder utan på grund av Guds stora kärlek att leda alla människor in på frälsningsvägen. Men så många människor vill inte acceptera eller förstå denna förundransvärda kärlek från

Gud.

Efter Adams olydnad kunde människorna inte längre vara med Gud och blev istället människor med en syndfull natur. Men Jesus kom till jorden som en Medlare mellan Gud och oss så att Han skulle kunna ge Immanuels välsignelser till alla människor (Matteus 1:23). Genom Jesu lidande och smärtor på korset kan vi få sann frid och vila.

Därför hoppas jag att du förstår Guds stora kärlek som gav oss sin ende Son som lösen för att friköpa oss från synden och evig död, och den uppoffrande kärlek som Herren har, som trots att Han var oklanderlig blev korsfäst för vår skuld och öppnade vägen till frälsning.

Kapitel 6

OMSORGEN I KORSET

- Född i ett stall och lagd i en krubba
- Jesu liv i fattigdom
- Piskades och utgöt sitt blod
- Bärande törnekronan
- Jesu klädnad och livklädnad
- Fastspikad genom sina händer
  och fötter
- Jesu ben blev inte krossade men
  Hans sida genomborrades

Men det var våra sjukdomar han bar, våra smärtor tog han på sig, medan vi höll honom för att vara hemsökt, slagen av Gud och pinad. Han var genomborrad för våra överträdelsers skull, slagen för våra missgärningars skull. Straffet var lagt på honom för att vi skulle få frid, och genom hans sår är vi helade. Vi gick alla vilse som får, var och en gick sin egen väg, men all vår skuld lade HERREN på honom.

Jesaja 53:4-6

I Guds plan för att få sanna barn är den viktigaste delen det att Jesus kom i köttet till den här världen, att Han fick lida alla slags svårigheter, och att Han dog på korset. Genom allt detta kunde Han åstadkomma att frälsningsvägen för alla människor öppnades.

Guds omsorg i korset har en djup andlig mening. Jesus, Guds enfödde Son, lämnade himlens härlighet, föddes i ett stall för djur, och levde i fattigdom hela sitt liv.

I tillägg till detta blev Han piskad och fastspikad genom sina händer och fötter, bar en törnekrona och utgöt blod och vatten i det att Han fick sin sida genomborrad av ett spjut. Varenda lidande som Jesus fick gå igenom vittnar om Guds överflödande kärlek.

När du helt och hållet förstår den andliga meningen med korset och Jesu lidanden kommer du bli berörd i ditt hjärta av Guds kärlek och du kommer ha äkta tro. Du kan också få ta emot svaren på alla problem i ditt liv såsom fattigdom och sjukdom, likaså svaren om det eviga himmelriket.

Född i ett stall och lagd i en krubba

Jesus, som i sin natur var Gud, var Herre över allt i himlen och på jorden och den mest underbara varelsen. Ändå kom Han i köttet till den här världen för att kunna återlösa människor från synd och leda dem till frälsning.

Jesus är Gud den Allsmäktiges enfödde Son. Varför föddes Han då inte på en överdådig plats i lyx eller åtminstone i ett mysigt rum? Kunde inte Gud låtit Honom bli född på en underbar plats? Varför var Han tvungen att bli född i ett stall och bli lagd i en krubba?

Det finns en djup andlig mening i detta. Andligt sett blev Jesus född på det mest underbara sättet. Även fast människor inte kunde se det med sina fysiska ögon var Gud så nöjd med Jesu födelse att Han omslöt Jesusbarnet med härlighet och ljus i närvaro av en stor himmelsk här och änglar. Du kan känna lite av Hans upprymdhet i Lukas 2:14 där det står följande: *"Ära vare Gud i höjden och frid på jorden, till människor hans välbehag."* Gud hade också förberett några goda herdar och stjärntydare från Fjärran Östern och ledde dem till att tillbe Jesusbarnet.

All ära och tillbedjan skedde därför att Jesus skulle öppna dörren till frälsningen genom att Han kom in i världen. Mängder av människor skulle komma in i den eviga himlen som Guds barn och Jesus Guds Son skulle bli kungars Kung och herrars Herre.

Guds omsorg dold i Jesu födelse

När Jesus föddes hade kejsare Augustus utfärdat en skrivelse att skattskrivning skulle göras i hela Romarriket. Det judiska folket, som koloniserades av Rom, var tvungna att lyda kejsarens påbud och fick resa till sina hemstäder för att registrera sig.

Josef reste med sin fästmö Maria från staden Nasaret i Galiléen till Betlehem, som var Davids stad, för att han härstammade från Davids hus och släkt. Maria var trolovad med Josef och var gravid med ett barn genom den Helige Ande innan de reste och under deras vistelse i Betlehem födde hon den förstfödde Jesus.

Namnet "Betlehem" betyder "Brödets hus", och det var kung Davids hemstad (1 Samuelsboken 16:1). Mika 5:2 skriver om staden Betlehem så här: *"Men du, Betlehem Efrata, som är så liten bland Juda tusenden, från dig skall det åt mig komma en som skall härska i Israel. Hans ursprung är före tiden, från evighetens dagar."* Det blev profeterat om Betlehem att staden skulle vara födelseplatsen för Messias.

Vid den tiden fanns det inte rum för Maria och Josef på något värdshus på grund av att tusentals människor befann sig i Betlehem för att registrera sig. Så Maria födde barnet i ett stall. Hon lindade Honom och lade Honom i en krubba, en matplats som användes för att ge mat till kor och hästar.

Så varför blev Jesus, som kom för att bli människans Frälsare, född på ett sånt obetydligt och förödmjukande sätt?

För att återlösa djurliknande människor

Predikaren 3:18 säger, *"Jag tänkte: För människornas skull sker detta, för att Gud skall pröva dem och för att de skall se att de i sig själva är som djuren."* Människan som hade förlorat

Guds likhet och hade blivit som djur i Guds ögon. Den första människan Adam var ursprungligen skapad till Guds avbild. Han var också en människa som följde Anden eftersom Gud bara undervisade Honom i sanningens ord.

Men Adam åt av frukten på trädet med kunskap om gott och ont, tvärt emot Guds befallning, vilket ledde till att hans ande dog och sedan kunde han inte längre kommunicera med Gud. Han var inte heller längre herre över skapelsen. Satan uppviglade Adam att följa den syndfulla naturen och hans rena och trofasta hjärta förvandlades till ett orent och trolöst hjärta.

Du kanske har hört en del som använt uttrycket "Han är inte bättre än ett djur". Framför allt hör man ofta om människor som inte är bättre än djur genom media. För sina egna syften bedrar och lurar de lätt sina grannar, kunder, vänner och familjemedlemmar. Föräldrar och barn hatar varandra och är ibland beredda att döda varandra.

Människor vågar göra sån ondska för att själen har blivit herre över människan sedan anden dog och de förlorade Guds avbild på grund av deras synder. Som djur som endast har kropp och själ, kan sådana människor inte komma in i himlen eller kalla Gud Abba Fader. Jesus föddes i ett stall för att återlösa människor som inte är bättre än djur.

Jesus är sann andlig föda

Jesus lades i en krubba, i en matplats avsedd för att ge mat till hästar, för att kunna ge andlig mat till människor som inte är bättre än djur (Johannes 6:51).

Med andra ord, det var en gudomlig försyn för att leda
människan till en fullständig frälsning genom att hon skulle få
tillbaka den förlorade likheten med Gud och kunna utföra alla
plikter som människa. Vad är då dessa plikter som man som
människa har? Predikaren 12:13-14 ger oss insikt:

> *Detta är slutsatsen, när allt blivit hört: Frukta Gud*
> *och håll hans bud, det hör alla människor till. Ty Gud*
> *skall föra alla gärningar fram i domen, med allt som är*
> *fördolt, vare sig det är gott eller ont.*

Vad betyder det att "frukta Gud"? Ordspråksboken 8:13
säger oss *"Att frukta HERREN är att hata det onda."* Att frukta
Gud är att inte acceptera ondska längre och även att kasta bort
all slags ondska från ditt hjärta.

Om du verkligen fruktar Gud, borde du göra ditt bästa för att
förkasta all slags ondska och kämpa emot synden och kasta bort
den genom blod, svett och tårar. Som studenter som studerar
hårt för att skapa en bättre framtid, borde du göra ditt bästa för
att frukta Gud och utföra alla plikter som människa och njuta av
Guds kärlek och välsignelse.

I Bibeln finner du Guds befallningar som Han ger till sina
barn som till exempel "gör detta; gör inte det; håll detta; håll dig
borta från det där". Å ena sidan säger Gud till oss att som Guds
barn bör vi be, älska, tacka och mycket mer. Å andra sidan
befaller Gud oss att inte göra sådant som leder till döden som att
hata, begå äktenskapsbrott och bli berusade.

Han ger oss också olika specifika befallningar som "Håll

Sabbatsdagen helig", "Håll dina löften" och liknande. Gud uppmanar oss att göra oss av med sådant som är farligt genom att säga "Undvik all slags ondska", "Gör dig av med din girighet" och så vidare.

Det är människans plikt att frukta Gud och hålla Hans befallningar. Gud kommer att hålla oss ansvariga för alla våra gärningar på Domens dag, för varje dold sak vare sig den är god eller ond. Så om vi lever som ett djur utan att göra vår plikt som människa kommer det vara naturligt för oss att hamna i helvetet som ett resultat av Guds dom.

Jesus blev född i ett stall och lades i krubban för att återlösa människorna som inte är bättre än djuren och för att bli till sann andlig föda för dem.

Jesu liv i fattigdom

Johannes 3:35 säger, *"Fadern älskar Sonen, och allt har han lagt i hans hand."* Du kan läsa i Kolosserbrevet 1:16 *"Ty i honom skapades allt i himlen och på jorden, det synliga och det osynliga, tronfurstar och herradömen, makter och väldigheter. Allt är skapat genom honom och till honom."* Med andra ord, Jesus är Gud Skaparens enfödde Son och Herre över allting i himlen och på jorden.

Varför kom Han då till jorden på ett väldigt obetydligt och förödmjukande sätt och levde i fattigdom fast att Han i sin natur var Gud den Allsmäktige och på alla sätt rik?

För att frälsa människan från fattigdom

2 Korinterbrevet 8:9 säger, *"Ni känner ju vår Herre Jesu Kristi nåd. Han var rik men blev fattig för er skull, för att ni genom hans fattigdom skulle bli rika."* Guds förundransvärda omsorg och kärlek visas i detta. Trots att Jesus var kungars Kung och herrars Herre, och Gud Skaparens enfödde Son, lämnade Han den himmelska härligheten och kom till den här världen och levde i fattigdom under hela sitt liv, uthärdande förakt och misshandel från människor för att kunna återlösa mänskligheten från fattigdom.

I begynnelsen skapade Gud människan till att kunna plocka och äta frukter utan mödosamt arbete och för att njuta av ett överflödande liv. Men efter att den första människan Adam var olydig mot Guds ord och blev korrumperad kunde människan bara äta sin mat efter mödosamt slit, i sitt anletes svett. På grund av detta lever människor ofta med stora behov och i fattigdom.

Fattigdom i sig själv är inte en synd, så Jesus utgöt inte sitt blod för att återlösa oss från fattigdom. Ändå blev fattigdom en konsekvens av förbannelsen efter Adams olydnad mot Gud, därför gör Jesus oss rika genom sitt liv i fattigdom.

Somliga säger att Jesu livslånga fattigdom egentligen var andlig fattigdom. Men eftersom Jesus blev avlad genom den Helige Ande och är ett med Gud Fadern, är det inte rätt att tänka att Han skulle vara andligt fattig.

Vi behöver komma ihåg att Jesus levde i fattigdom för att återlösa oss från fattigdom så att vi kan leva ett liv i överflöd med tacksamhet till Gud för Hans kärlek och nåd.

En del säger att det är fel att be om pengar i bön. Andra tänker att om man är kristen ska man leva i fattigdom. Men detta är inte Guds perfekta vilja.

I Bibeln kan vi läsa många ord om välsignelser. I 5 Mosebok 28:2-6 läser vi:

> *Och alla dessa välsignelser skall komma över dig och nå fram till dig, när du lyssnar till HERRENS, din Guds, röst. Välsignad skall du vara i staden, och välsignad ute på marken. Välsignad skall ditt moderlivs frukt vara och din marks gröda, det din boskap föder, din nötboskaps kalvar och lammen i din hjord. Välsignad skall din korg vara och välsignat ditt baktråg. Välsignad skall du vara när du kommer in, och välsignad skall du vara när du går ut.*

3 Johannes 1:2 uppmanar oss, *"Älskade broder, jag hoppas att det går väl för dig i allt, och att du är frisk liksom det står väl till med din själ."* Guds utvalda människor som Abraham, Isak, Jakob, Josef och Daniel levde alla framgångsrika liv.

Att leva ett rikt liv

Gud låter oss, efter sin rättfärdighet, skörda vad vi har sått. Precis som föräldrar bara vill ge det bästa till sina barn vill vår kärleksfulla Gud ge oss vadhelst vi ber honom om med tro (Markus 11:24).

Gud vill ge oss bönesvar och välsignelser, men vi kan inte ta emot något om vi inte ber om det eller om vi ber utan urskiljning. Om vi då försöker skörda något utan att ha sått något hånar vi Gud och går emot de andliga lagarna.

Somliga kanske säger, "Jag vill så, men jag kan inte för jag är så fattig". Men i Bibeln finner vi många människor som var väldigt fattiga men som ändå gjorde sitt bästa för att så och fick rika välsignelser som belöning.

I 1 Kungaboken 17 läser vi att det var hungersnöd i landet under tre och ett halvt år. Medan det fortfarande var hungersnöd gjorde en änka i Sarefat, Sidon, en liten brödkaka till profeten Elia med det lilla som var kvar av mjölet och oljan. Gud blev så nöjd med henne för att hon betjänade Hans tjänare och välsignade henne på ett överflödande sätt: mjölet tog aldrig slut i krukan och oljan fattades aldrig i kärlet tills den dag då Gud lät det regna i landet igen (1 Kungaboken 17:14).

På Jesu tid fanns det vid ett tillfälle en fattig änka som gav två kopparmynt, det minst värdefullaste av alla mynt, till tempelkassan. Ändå berömde Jesus henne och sa att den fattiga änkan hade gett mer än alla andra. Det var för att hon, i sin fattigdom, hade givit allt hon hade att leva på, medan alla andra hade gett av sitt överflöd (Markus 12:42-44).

Det viktigaste vi behöver hålla i minnet är att ge allting till Gud. Gud ser inte till kvantiteten på våra offer utan njuter av den ljuva doften från kärleken och tron i offret och välsignar oss så det räcker och blir över.

Piskades och utgöt sitt blod

Innan korsfästelsen hånade och föraktade romerska soldater Jesus genom att slå Honom i ansiktet, spotta på Honom och så vidare. De pryglade också Jesus med en piska som hade långa läderremmar med metallbitar fastsatta i dem.

I de dagarna tillhörde de romerska soldaterna den kraftfullaste, väldisciplinerade och starkaste armén i hela världen. Hur fruktansvärd var den smärta när de tog av Honom Hans kläder och piskade Honom? När de slog Hans kropp med piskan blev Hans kött upprivet och benen blev synliga och blod sprutade ut.

För att uppfylla profetian i Jesaja: *"Jag höll fram min rygg åt dem som slog mig och mina kinder åt dem som ryckte ut mina skäggstrån. Jag dolde inte mitt ansikte för hån och spott."* (Jesaja 50:6), försökte Jesus aldrig undkomma slagen.

För att bota alla sjukdomar och svagheter

Varför blev Jesus slagen med en piska och varför utgöt Han sitt blod? Varför lät Gud detta hända med sin Son? Jesaja 53 förklarar syftet med Jesu lidande och svårigheter.

Han var genomborrad för våra överträdelsers skull, slagen för våra missgärningars skull. Straffet var lagt på honom för att vi skulle få frid, och genom hans sår är vi helade. Vi gick alla vilse som får, var och en gick sin egen väg, men all vår skuld lade HERREN på honom.

(Jesaja 53:5-6).

Jesus blev genomborrad och slagen för dina överträdelser och synders skull. Han blev straffad, piskad, och blödde för att ge dig frid och göra dig fri från alla sjukdomar.

När Jesus botade den lame mannen i Matteus 9, tog Han först itu med problemet med synden och sa, "Dina synder är förlåtna" (v. 2). Därefter sa Jesus till honom, "ställ dig upp, tag din säng och gå" (v. 6).

Efter att Jesus hade botat mannen som varit sjuk i trettioåtta år, sa Han, i Johannes 5 till honom, *"Se, du har blivit frisk. Synda inte mer, så att inte något värre drabbar dig."* (Johannes 5:14).

Bibeln berättar för oss att sjukdomar kom över oss på grund av vår synd. Så vi behöver någon som kan lösa våra problem med synden för att bli fri från sjukdomar. Utan blodsutgjutelse kan ingen förlåtelse ges (3 Mosebok 17:11).

Under Gamla Testamentets tid, om någon syndade, var prästen därför tvungen att slakta ett djur som ett ställföreträdande offer. Men sedan Jesus kom till världen i köttet och utgöt sitt oklanderliga, fläckfria och kraftfulla blod behöver vi inte längre offra djur som offer för våra synder. Det heliga Jesu blod är ställföreträdande för alla människors synd, begångna i förfluten tid, i nutiden och till och med i framtiden.

För att ta på sig våra svagheter och sjukdomar

Matteus 8:17 säger, *"för att det skulle uppfyllas som var*

sagt genom profeten Jesaja: 'Han tog på sig våra svagheter, och våra sjukdomar bar han.'" Så om du känner till varför Jesus blev piskad och utgöt sitt blod, och tror på det, behöver du inte lida i sjukdomar och svagheter.

1 Petrusbrevet 2:24 säger, *"Och våra synder bar han i sin kropp upp på korsets trä, för att vi skulle dö bort från synderna och leva för rättfärdigheten. Och genom hans sår har ni blivit botade."* Detta grammatiska ord "har ni blivit" används i denna vers för att Jesus redan har återlöst alla människor från synden.

Men det finns människor som tror på det faktum att Jesus bar våra sjukdomar och svagheter i sin piskade och blödande kropp och ändå fortfarande lider av sjukdomar. Varför?

Gud säger i 2 Mosebok 15:26, *"Han sade: 'Om du hör HERRENS, din Guds, röst och gör det som är rätt i hans ögon och lyssnar till hans bud och håller alla hans stadgar, skall jag inte lägga på dig någon av de sjukdomar som jag lade på egyptierna, ty jag är HERREN, din läkare.'"* Detta betyder att om du gör det som är rätt i Guds ögon kommer inga sjukdomar att drabba dig, för Gud kommer med sina ögon sända ut eld som beskyddar dig från dem.

Låt oss ta ett exempel. När ett barn kommer hem och gråter efter att ha blivit slagen av grannbarnet kan föräldrarnas gensvar och attityder gentemot händelsen skilja sig avsevärt beroende på deras tro.

En kanske säger till sitt barn så här: "Varför blir du alltid påpucklad? Om någon slår dig ska du slå honom tillbaka två eller tre gånger." En annan förälder kanske går till grannbarnets föräldrar och klagar inför dem. Ytterligare en annan förälder inte gör någotdera men blir väldigt irriterad och upprörd i sitt hjärta.

Gud säger att vi ska övervinna det onda med det goda, älska våra fiender och söka efter frid med alla, genom att säga: *"Jag säger er: Stå inte emot den som är ond, utan om någon slår dig på den högra kinden, så vänd också den andra åt honom."* (Matteus 5:39).

Om vi därför gör det som är rätt inför Gud kommer det inte vara svårt för oss att hålla Hans befallningar och påbud. Medan vi fortsätter att be och göra vårt bästa, kommer Guds nåd och kraft att komma över oss och genom den Helige Ande hjälpa oss så det går lätt att göra allting.

Om du kastar bort synden och gör det som är rätt i Guds ögon, kan sjukdomar inte komma över dig. Även om sjukdomar kommer över dig, kommer Gud Läkaren att förlåta dig dina synder och hela dig fullständigt i det att du försöker ta reda på vad som är fel inför Guds ögon och omvänder dig från det av hela ditt hjärta.

Om du bekänner med dina läppar att Gud är Allsmäktig och ändå förlitar dig på världen eller uppsöker sjukhus när du möter problem eller sjukdomar, är Gud inte nöjd med dig eftersom det bevisar att du inte alls tror på Gud den Allsmäktige (2 Krönikeboken 16).

Bärande törnekronan

En krona ges till en kung tillsammans med hans kungliga

klädsel. Trots att Jesus var Guds enfödde Son, kungars Kung och herrars Herre, bar Han en krona gjord av långa och hårda törnen istället för en vacker krona av guld, silver och juveler.

> *Därefter tog landshövdingens soldater Jesus med sig in i pretoriet och samlade hela vaktstyrkan kring honom. De tog av honom kläderna och klädde honom i en röd mantel, vred ihop en krona av törne och satte den på hans huvud, och i hans högra hand satte de en käpp. Sedan böjde de knä inför honom och hånade honom och sade: "Leve judarnas konung!" Och de spottade på honom och tog käppen och slog honom i huvudet. (Matteus 27:27-30).*

Romerska soldater vred ihop en krona av törnen som var för liten för Jesus och tryckte ner den på Hans huvud. Taggarna trängde in i Hans huvud och panna och blod rann nerför Hans ansikte. Varför tillät Gud den Allsmäktige sin enfödde Son att bära en törnekrona och lida i smärta och utgjuta sitt blod?

För det första, Jesus bar törnekronan för att återlösa oss från synderna vi begått i våra tankar

När människan, skapad av Gud, kommunicerade med Honom och lydde Hans Ord, begick han ingen synd för han tänkte alltid i enlighet med Guds vilja och lydde Honom.

Men när han blev frestad av ormen och tog emot tankar från Satan dröjde det inte länge innan han syndade. Han hade aldrig tänkt på att äta frukten från trädet med kunskap om gott och ont förut. Men efter att han hade blivit frestad åt han av det för han tyckte det skulle vara god mat och det var en fröjd för ögat och han lustade även efter visdom.

På samma sätt arbetar Satan, som ledde de första människorna Adam och Eva till att vara olydiga mot Gud, på att leda oss till att begå synder i tankarna.

I den mänskliga hjärnan finns det minnesceller. Sedan födseln lagras allt det du någonsin sett, hört och lärt i dessa minnesceller tillsammans med dina känsloupplevelser gentemot specifika händelser, individer och information. Vi kallar detta för "kunskap". Det vi kallar "tanken" är en process av upprepning av denna lagrade kunskap och det är själen som arbetar fram det.

Människor har vuxit upp i olika miljöer. Vad de har sett, hört och lärt är olikt det som andra har gjort och det som lagrats i deras hjärna är också olikt. Även om de har sett, hört och lärt samma saker kommer var och en ha sina egna känslor vid den tiden och det kommer ändå skapa olika värderingar. Det är oundvikligt.

Guds Ord är ofta inte i linje med vår kunskap eller vår teori. Till exempel, du kanske tror att för att du ska komma någonstans här i livet måste du ta alla möjliga steg för att vinna över andra. Men Gud undervisar oss att den som ödmjukar sig ska bli upphöjd (Matteus 23:12).

De flesta tror att det är naturligt att hata sina fiender, men Gud säger oss att vi ska älska våra fiender och "om din fiende är hungrig, ge honom mat; om han är törstig, ge honom något att dricka".

Guds tankar är andliga men människans tankar är köttsliga. Satan ger oss köttsliga tankar så att han kan fresta oss att undvika Gud, distrahera oss bort från den sanna tron och driva oss till att följa världsliga sätt, slutligen leda oss till att synda och till evig död.

I Matteus 16:21 och följande verser förklarar Jesus för sina lärjungar att Han skulle gå igenom många lidanden och att Han skulle bli dödad på korset och uppstå på den tredje dagen. När Petrus hörde det tog han Jesus avsides och började förmana Honom och säga, *"Gud är nådig mot dig, Herre. Detta skall aldrig hända dig."* (v.22). Men Jesus blev rasande och vände sig om och svarade Petrus: *"Gå bort ifrån mig, Satan! Du vill få mig på fall. Vad du tänker är inte Guds tankar utan människotankar."* (v.23). När Jesus blev rasande och sa *"Gå bort från mig, Satan,"* menade Han inte att Petrus var Satan, utan att det var Satan själv som arbetade genom Petrus för att förhindra Guds verk.

Jesus skulle bära korset för mänsklighetens frälsning efter Guds vilja, men Petrus försökte att hindra honom att utföra Guds vilja med sina egna köttsliga tankar.

Apostel Paulus skriver i 2 Korinterbrevet 10:3-6 följande:

Ty även om vi lever här i världen, strider vi inte på världens sätt. De vapen vi strider med är inte svaga utan har makt inför Gud att bryta ner fästen. Ja, vi bryter ner tankebyggnader och allt högt som reser sig upp mot kunskapen om Gud. Och vi gör varje tanke till en lydig fånge hos Kristus och är beredda att straffa all olydnad, så snart ni har blivit fullkomligt lydiga.

Du borde riva ner dina egna argument och resonemang som du har och som ofta arbetar emot Guds rike. Ta varje tanke till lydig fånge hos Kristus för att kunna leva ett liv efter sanningen, då kommer du bli en person som lever i anden och i tro. Du borde göra dig av med varje tanke som säger att du måste slå tillbaka två gånger för att inte bli förnedrad när någon slår dig, för dessa köttsliga tankar är emot sanningen.

Därför borde du överge alla synder som kommer in i dina tankar. För att fullständigt lösa problemet med synd behöver du först av allt försaka köttets lustar, dina ögons begär och stolthet över livets goda. Dessa är trolösa tankar som Satan gläder sig i.

Köttets lustar, tankar som reser sig upp i ens sinne, är begär som är emot Guds vilja. Galaterbrevet 5:19-21 listar dessa lustar:

Ty köttet söker det som är emot Anden och Anden söker det som är emot köttet. De två strider mot varandra för att hindra er att göra det ni vill. Men om ni leds av Anden, står ni inte under lagen. Köttets gärningar är uppenbara: de är otukt, orenhet, lösaktighet, avgudadyrkan, svartkonst, fiendskap, kiv, avund, vredesutbrott, gräl, splittringar, villoläror, illvilja, fylleri, utsvävningar och annat sådant. Jag säger er i förväg vad jag redan har sagt: de som lever så skall inte ärva Guds rike.

Det begär som Gud befaller oss att försaka är köttets lustar.

Ögonens begär betyder att ens sinne blir hårt influerad av vad man ser och hör och man börjar jaga efter begären som har rests i ens sinne. När någon älskar världen och letar efter det man begär med sina ögon, verkar enbart dessa begär värdefulla och den personen tycker att han inte kan bli tillfredsställd av någonting annat.

Ett högmodigt sinne reser sig i en person när man börjar få tillgång till denna världens njutningar i det att man jagar efter att tillfredsställa begären i sin syndfulla natur och sina ögons begär. Detta kallas stolthet över livets goda.

För att återlösa oss från all slags omoral, laglöshet och ondska, bar Jesus en törnekrona och utgöt sitt blod. Eftersom det oklanderliga och fläckfria blodet från Jesus kunde återlösa oss från våra synder, återlöste Han oss från alla synder begångna i våra tankar genom att bära törnekronan på sitt huvud och utgöt sitt blod.

För det andra, Jesus bar törnekronan för att ge människan möjlighet att bära en bättre krona i himlen.

En annan orsak till att Han bar en törnekrona är för att ge oss möjlighet att få bättre kronor. När Han återlöste oss från fattigdom och gav oss rikedom genom att leva ett fattigt liv, så bar Han törnekronan för att ge oss möjlighet att bära bättre kronor i himlen.

Det finns oändligt många kronor förberedda för Guds barn i himlen. I den atletiska världen finns det belöningar som guldmedaljer, silvermedaljer, och bronsmedaljer som ges till

segrarna efter deras rank i idrotten. På samma sätt finns det
många olika slags kronor i himlen.

Det finns en oförgänglig krona (krans i Svenska Folkbibelns
översättning, övers. anm) som beskrivs i 1 Korinterbrevet 9:25:
*"Men alla som tävlar underkastar sig i allt hård träning - de
för att vinna en segerkrans som vissnar, vi för att vinna en som
aldrig vissnar."* En oförgänglig krona är förberedd för Guds
barn som strävar efter att kasta bort deras synder. *Härlighetens
krona* är förberedd för dem som kastar bort sina synder och lever
i enlighet med Guds Ord och som ärar Honom (1 Petrusbrevet
5:4). Livets Krona är också förberedd för dem som storligen
älskar Gud, som är trofasta mot Honom in i döden, och som blir
heliga genom att försaka all slags ondska (Jakobs brev 1:12,
Uppenbarelseboken 2:10).

Rättfärdighetens krona ges till alla som aposteln Paulus, blir
helig genom att göra sig av med sina synder och som fullgör sina
uppgifter fullständigt efter Guds vilja (2 Timoteusbrevet 4:8).

Det finns också beskrivet i Uppenbarelseboken 4:4, *"Runt
omkring tronen stod tjugofyra troner, och på dessa troner satt
tjugofyra äldste, klädda i vita kläder och med kronor av guld
på huvudet."* Kronor av guld förbereds för människor som når
till nivån av äldste och som kommer assistera Gud i det Nya
Jerusalem.

"Äldste" syftar inte på människor som har blivit givna den
titeln i kyrkor över hela världen utan beskriver människor som
blivit utvalda av Gud till att vara äldste för att de är heliga,
trofasta och betrodda i hela Guds hus, och som har en orubblig
tro av guld.

Gud ger olika kronor till sina barn beroende på i vilken utsträckning de har gjort sig av med synden och uppnått Guds syfte. Guds barn kommer att bli stora i himlen och kommer att ta emot bättre kronor om de väljer att inte tänka på hur bedrägliga lustarna i den syndfulla naturen är, utan istället uppträder korrekt i enlighet med Guds Ord (Romarbrevet 13:13-14), om deras själar samarbetar med dem i det att de lever efter anden (Galaterbrevet 5:16), och om de troget gör sina plikter och sitt uppdrag!

Jesus återlöste dig från alla synder begångna genom dina tankar genom att Han bar en törnekrona och utgöt sitt blod. Hur tacksam du borde vara för att Han förbereder bättre kronor i himlen att ge till dig efter det mått av tro du har och hur du har uppfyllt ditt uppdrag!

Därför behöver du förstå hur underbart det är att bli kvalificerad för att ta emot dessa kronor. Sedan borde du ha Herrens hjärta och försaka all slags ondska, utföra ditt uppdrag väl, och bli trofast och betrodd i hela Guds hus. Jag hoppas att du kommer att få en så bra krona som möjligt i himlen.

Jesu klädnad och livklädnad

Jesus, som bar en törnekrona och blod rann över hela Hans kropp på grund av det fruktansvärda pryglandet, kom till Golgata, en plats för korsfästelse. När de romerska soldaterna korsfäste Jesus tog de Hans kläder, delade dem i fyra delar och tog varsin del. Manteln delade de inte utan kastade lott om den.

*Soldaterna som hade korsfäst Jesus tog hans kläder
och delade dem i fyra delar, en åt varje soldat. Också
livklädnaden tog de. Men den var utan sömmar, vävd i
ett enda stycke, uppifrån och ända ner. Därför sade de
till varandra: "Vi skall inte skära sönder den utan kasta
lott om vem som skall få den." Ty Skriften skulle
uppfyllas: De delade mina kläder mellan sig och
kastade lott om min klädnad. Så gjorde nu soldaterna
(Johannes 19:23-24).*

Varför talar Guds Ord i detalj om Jesu kläder och livklädnad?
Den andliga betydelsen av Israels historia sedan 70 e Kr finns
inbäddad i denna händelse.

Han blev avklädd och korsfäst

I enlighet med Matteus 27:22-26, blev Jesus dömd till
korsfästelse av Pontius Pilatus efter att Han hade blivit hånad
och föraktad på olika sätt, på grund av önskan från de israeliter
som inte trodde på Jesus som Messias.

Efter att Han hade burit törnekronan och blivit hånad och
föraktad, bar Han korset till Golgata och blev korsfäst där.
Pilatus beordrade soldaterna att skriva anklagelserna mot
Honom ovanför Hans huvud, och där stod, *"DETTA ÄR
JESUS, JUDARNAS KUNG"* (Matteus 27:37).

Anslaget blev skrivet på hebreiska, latin och grekiska.
Hebreiska var judarnas, Guds utvalda folks, traditionella språk.
Latin var det officiella språket i Romarriket, den mäktigaste

nationen på den tiden, och grekiska var det språk som dominerade i den kulturella världen. Att skrivelsen blev skriven på dessa tre språk symboliserar att hela världen erkände Jesus som judarnas kung och kungars Kung.

Efter att judarna hade läst skrivelsen protesterade de till Pilatus att han inte skulle skriva "Judarnas kung" utan istället "Han sa, 'Jag är judarnas kung'" (Johannes 19:21-22). Men Pilatus svarade dem, "Det jag har skrivit, har jag skrivit", och ändrade inte på något. Detta betyder att till och med Pilatus erkände Jesus som judarnas kung.

Jesus blev av Pilatus erkänd som judarnas kung, Han är verkligen Guds ende Son, kungars Kung, och herrars Herre. Trots detta blev Jesus avklädd sina kläder och mantel framför många som såg Honom, och blev korsfäst på korset. Han fick utstå en hjärtskärande skam.

Vi lever i den här onda världen och glömmer bort alla mänskliga plikter. Och för att återlösa oss från all slags skam, smutsiga ting, ondska, laglöshet och omoral, blev Jesus, kungars Kung, avklädd sina kläder och livklädnad och fick skämmas medan många människor såg Honom. Om vi förstår den andliga betydelsen i detta kan vi inte hjälpa att vara tacksam för det.

De delade Jesu kläder i fyra delar

De romerska soldaterna klädde av Jesus och korsfäste Honom. De tog Hans kläder och delade dem i fyra delar men för Hans livklädnad kastade de lott.

Sunt förnuft säger att Hans kläder inte var vackra eller dyra.

Varför delade då soldaterna Hans kläder i fyra delar?

Visste de, genom djup vishet, att Jesus skulle bli ärad som Messias och att de nu ville ha en del av Hans klädnad som de kunde låta gå i arv som en dyrbar släktklenod? Nej, så var det inte.

Psaltaren 22:19 profeterar, *"De delar mina kläder mellan sig och kastar lott om min klädnad."* Gud tillät de romerska soldaterna att ta Hans kläder för att uppfylla denna vers (Johannes 19:24).

Vilken andlig mening har Jesu kläder? Varför delade de Hans kläder i fyra delar, och tog varsin del? Varför delade de inte hans livklädnad? Varför tillät Gud denna händelse att bli nedskriven i förväg?

Eftersom Jesus är judarnas kung, syftar Hans kläder på nationen Israel eller det judiska folket. När de romerska soldaterna delade kläderna i fyra delar, förlorade kläderna sin form. Detta syftar på att Israel som nation skulle bli förstörd. Det pekar också på att namnet Israel skulle förbli eftersom delarna ändå behölls. Orden om Hans kläder profeterade om att det judiska folket skulle bli förskingrat åt alla håll som ett resultat av deras nations förstörelse. Israels historia vittnar om att denna profetia har blivit uppfylld.

40 år efter Jesu död på korset förstörde en romersk general vid namn Titus Jerusalem. Guds tempel blev fullständigt förstört, ingen sten blev lämnad på sten. Sedan nationen Israel upphörde att existera har judarna varit utspridda överallt, blivit förföljda och även slaktade. Detta förklarar varför judarna har bott över hela världen till denna dag.

Matteus 27:23 målar upp en fruktansvärd scen där Pilatus säger till den onda folkmassan att Jesus var oskyldig, men de ropade allt högre att man skulle korsfästa Jesus. Då tog Pilatus vatten och tvättade sina händer för att visa att han inte var ansvarig för den oskyldige Jesu död och sa, *"Jag är oskyldig till denne mans blod. Ni får själva svara för det."* (v.24). Då svarade folkmassan, *"Hans blod må komma över oss och över våra barn!"* (v.25).

En anmärkningsvärd händelse i Israels historia visar att många judar och deras efterkommande fick utgjuta sitt blod, som i en uppfyllelse av deras begäran inför Pontius Pilatus. Fyra årtionde efter Jesu död blev så många som 1,1 miljoner judar slaktade. Under andra världskriget dödade Nazi-Tyskland omkring sex miljoner judar. Filmen "Schindlers list" porträtterar tragiska scener där judar, utan skillnad mellan man och kvinna, ung eller gammal, blev dödade utan att ha på sig kläder. Även en kriminell tillåts ha på sig rena kläder när han ska bli avrättad, men det judiska folket blev avklädda nakna när de blev slaktade.

Det judiska folket hade inte erkänt Jesus som Messias och de hade klätt av Honom naken och korsfäst Honom. Deras ord, "Hans blod må komma över oss och över våra barn"! ledde till fruktansvärda konsekvenser för Israels folk under lång tid.

Jesu livklädnad vävd i ett stycke

Johannes 19:23 beskriver Jesu livklädnad: *"den var utan sömmar, vävd i ett enda stycke, uppifrån och ända ner."* Livklädnaden var inte gjord av flera delar utan sydd i ett enda stycke. De flesta tänker inte på hur deras kläder är gjorda eller om deras kläder är ihopsydda uppifrån och ner eller tvärtom. Varför beskriver Bibeln Jesu livklädnad i detalj?

Bibeln berättar för oss att alla människors förfader är Adam, trons förfader är Abraham, och Israels förfader är Jakob. Gud lär oss att Israels förfader inte är Abraham utan Jakob för att Israels tolv stammar kom från Jakobs tolv söner. Nationen Israels grundare är Jakob även om trons förfader är Abraham.

Gud välsignade också Jakob i 1 Mosebok 35:10-11 på det här sättet:

> Gud sade till honom: "Ditt namn är Jakob, men du skall inte längre heta Jakob utan Israel skall vara ditt namn." Och han gav honom namnet Israel. Gud sade till honom: "Jag är Gud den Allsmäktige. Var fruktsam och föröka dig. Ett folk, ja, skaror av folk skall komma från dig, och kungar skall utgå från dig."

I enlighet med Guds Ord i dessa verser utgjorde Jakobs tolv söner stommen till Israel och Israel var ett enat land tills det blev delat i kung Rehabeams dagar till Israel i norr och Juda i söder.

Senare blev Israel i norr blandat med hedningar men Juda förblev enat. Idag är det människorna i Juda som kallas judar. Det faktum att Jesu livklädnad var sydd i ett stycke, vävd uppifrån och ner, betyder att nationen Israel har behållit sin enhet och identitet som Jakobs efterkommande till denna dag.

Man kastade lott om Jesu livklädnad utan att riva sönder den

Här står livklädnaden för människornas hjärtan. Eftersom Jesus är Israels kung, syftar Hans livklädnad på det judiska folkets hjärtan.

Israeliterna, som är Guds utvalda folk genom deras förfader i tron Abraham, har tillbett den sanna Guden över allting. Det faktum att de inte delade livklädnaden syftar på att den ande i det judiska folket i Israel som tillber Gud, har blivit väl bevarad utan att bli sönderriven i bitar även fast *nationen* eller Israels styre under tider har varit förstörda.

Bibeln profeterar att hedningarna inte kunde förinta den ande som bor djupt i israeliternas hjärtan. Med andra ord, deras hjärtan till Gud har varit trofasta, även då nationen Israel har blivit förgjort av hedningar. Eftersom de har ett sånt oföränderligt hjärta, har Gud utvalt israeliterna som sitt eget folk och har använt dem för att etablera sitt rike och sin rättfärdighet.

Till denna dag försöker israeliterna lyda lagen med ett oföränderligt hjärta. Israeliterna överraskade en hel värld genom att utropa sin självständighet den 14 maj 1948, mycket lång tid efter att de hade förlorat sitt land. Sedan dess har de utvecklats snabbt och är ett av de mest utvecklade och inflytelserika länder i världen och de har återigen visat upp sin nationsanda och excellens.

Precis som de romerska soldaterna som inte kunde dela Jesu livklädnad, som var sydd i ett stycke, kunde hedningarna inte förgöra anden i israeliterna och få dem att sluta tillbe Gud. Som Jakobs efterkommande, israeliter, har de etablerat ett självständigt land och uppfyllt Guds vilja som Hans utvalda folk.

Israel vid tidens slut är förutsagt i Bibeln

Precis som Gud har förutsagt Israels historia genom Jesu kläder och livklädnad, har Han också gett oss en glimt in i de sista dagarna av den här världen.

Hesekiel 38:8-9 säger:

Efter lång tid skall du kallas till tjänst. I kommande år skall du tåga in i ett land som har fått ro från svärdet. De som bor där har samlats från många folk upp till Israels berg som länge legat öde. De har förts ut från folken, så att alla nu bor där i trygghet. Dit skall du dra upp. Du skall komma som ett oväder och vara som ett moln som täcker landet, du med alla dina härar och med de många folk som följer dig.

"Efter lång tid" i dessa verser talar om perioden från Jesu födelse till Hans andra tillkommelse och "i kommande år" syftar på de sista åren innan Jesu andra tillkommelse. "Israels berg" pekar på Jerusalem, som ligger i höglandet ungefär 760 meter över havsnivån. Det ord som därför säger att många folk ska komma dit, förutsäger att Israel ska komma tillbaka till sitt land från hela världen när Jesu återkomst närmar sig.

Denna förutsägelse besannades när Israel blev förgjort av

Romarriket år 70 e Kr, och de blev självständiga 1948. Israel hade varit ödelagt till dess det blev självständigt, men har växt till att bli ett av de mest utvecklade länderna i världen.

Nya Testamentet profeterar också om Israels självständighet. Jesus säger följande i Matteus 24:32-34:

> *Lär av en jämförelse med fikonträdet. Redan när kvisten blir mjuk och bladen spricker ut, vet ni att sommaren är nära. När ni ser allt detta vet ni på samma sätt att han är nära och står vid dörren. Amen säger jag er: Detta släkte skall inte dö, förrän allt detta händer.*

Detta var Jesu svar på Hans lärjungars fråga om tecknen för Hans andra tillkommelse och om tidsålderns slut.

Fikonträdet i dessa verser syftar på Israel. När trädets löv faller av och den kalla vinden blåser, vet du att vintern är nära. När fikonträdets kvistar blir mjuka och löven slår ut, vet du att sommaren är nära. Med denna liknelse förklarar Jesus att när Israel blir återupprättat efter en lång tids förgörelse, när Israels folk får sin självständighet, då är Jesu andra tillkommelse mycket nära.

Vi vet inte hur långt "detta släkte" som Jesus talade om i denna vers är, men vi vet att det Han har sagt kommer att gå i uppfyllt. Vi har redan sett Israels självständighetsproklamation, så vi kan lätt räkna ut att Jesu andra tillkommelse är mycket nära.

Tecknen på denna tidsålders slut

I Matteus 24 förklarar Jesus för sina lärjungar i detalj vilka tecknen blir för slutet på denna tidsålder genom att säga, *"Men om den dagen eller stunden vet ingen något, inte himlens änglar, inte ens Sonen, ingen utom Fadern."* (Matteus 24:36). Detta betyder bara att Han som Människosonen, kommen i köttet till denna värld, inte visste om den exakta dagen eller stunden. Det betyder inte att Jesus, som en av Treenigheten, inte visste om sin korsfästelse, uppståndelse och himmelsfärd.

Jesus utfärdade en speciell varning när Han talade om de många tecknen som pekar på att tidens slut är nära: *"Och eftersom laglösheten tilltar, kommer kärleken att svalna hos de flesta. Men den som håller ut intill slutet skall bli frälst."* (Matteus 24:12-13).

Idag kan vi se att ondskan verkligen ökar och att kärleken kallnar. Vi kan knappt finna varmhjärtade människor idag. Jesus sa i Matteus 24:14, *"Och detta evangelium om riket skall predikas i hela världen till ett vittnesbörd för alla folk, och sedan skall slutet komma."* Evangeliet har redan predikats till alla jordens hörn.

Vi lever i en "global stad" där varje hörn av jordgloben är tillgänglig antingen via transport eller genom kommunikation. Detta fenomen har också blivit förutsagt i Daniel 12:4: *"Men du, Daniel, göm dessa ord och försegla denna skrift till ändens tid. Många skall forska i den och kunskapen skall bli stor."* Evangeliet har spridits som en löpeld över hela värld i denna miljö.

Sanningen är den att även om evangeliet har blivit predikat till hela världen kan det finnas en del människor som inte accepterar Jesus för de öppnar inte sina hjärtan. Eller kanske det fortfarande finns avlägsna platser där evangeliets säd ännu inte har blivit sått.

Gamla Testamentets profetior har blivit uppfyllda och de flesta i Nya Testamentet har också blivit uppfyllda. Hela Skriften är inspirerad av den Helige Ande. Därför är Guds Ord korrekt och innehåller inga fel. Inte den minsta bokstav kan förändras i Guds Ord. Gud har uppfyllt sitt Ord och löften, och bara några få väntar fortfarande på sin uppfyllelse, inkluderat Herren Jesu Kristi andra tillkommelse, de sju åren i vedermödan, tusenårsriket och domen vid den stora vita tronen.

Fastspikad genom sina händer och fötter

Korsfästelse var en av de mest fruktansvärda avrättningssätt för mördare och förrädare som fanns. Armarna blev utsträckta på ett träkors. Personen blev fastspikad genom båda händerna och fötterna. Han hängdes upp på korset under lång tid innan han dog och led därför ohyggligt till sista andetaget.

Jesus, Guds Son, hade bara gjort gott och hade ingen fläck eller skrynkla i denna värld. Varför blev då Jesus fastspikad genom båda händerna och fötterna och utgöt sitt blod på korset?

Smärtan i att bli fastspikad genom händerna och fötterna

Jesus blev dömd till döden på ett kors och kom till avrättningsplatsen, Golgata. En romersk soldat höll i en stor järnspik och en annan som höll i hammaren började spika fast Hans händer och fötter, på befallning av en centurion. Sedan reste de korset. Kan du föreställa dig hur smärtsamt detta måste ha varit?

Den oskyldige Jesus var tvungen att utstå denna smärta när de stora spikarna blev hamrade in i Hans kropp och smärtan i det att Hans kroppstyngd rev sönder hans kroppsdelar då korset restes.

När någon blir halshuggen tar smärtan slut omedelbart. Men att dö på ett kors var så mycket mera smärtsamt för att man hängde, blödde, blev uttorkad och utmattad innan dödsögonblicket infann sig.

Tänk också på att under en solig dag i öknen flyger alla möjliga slags insekter och flugor över Hans sönderrivna kropp för att suga blodet som rinner ner från Hans sår, från Hans fastspikade händer och fötter.

Inte nog med det, onda människor pekade finger och spottade på Honom, hånade Honom, förbannade Honom och överöste Honom med förolämpningar. Somliga till och med föraktade Honom och sa: *"Du som bryter ner templet och bygger upp det på tre dagar, hjälp dig själv, om du är Guds Son, och stig ner från korset!"* (Matteus 27:40).

Jesus fick uthärda oändlig smärta under sin korsfästelse. Men

Han visste väldigt väl att Han just då bar synderna och förbannelserna genom att dö på korset, och att det öppnade vägen för återlösningen av hela mänskligheten från dess synder till att göra dem till Guds barn. Ändå fanns det människor som inte visste att detta var Guds omsorg och som i sin ondska inte tog emot frälsningen. Detta gav Honom än större smärta.

Synder begångna med händer och fötter

När en syndfull tanke fötts i hjärtat, uppmanar hjärtat händerna och fötterna att synda. Eftersom det finns en andlig lag som säger att syndens lön är döden betyder det att när vi syndar förtjänar vi att hamna i helvetet och att lida för evigt.

Det är därför Jesus säger, *"Om din hand förleder dig till synd, så hugg av den! Det är bättre för dig att gå in i livet stympad än att ha båda händerna i behåll och komma till Gehenna, till elden som aldrig släcks. Och om din fot förleder dig till synd, så hugg av den! Det är bättre för dig att gå in i livet halt än att ha båda fötterna i behåll och kastas i Gehenna. Och om ditt öga förleder dig till synd, så riv ut det! Det är bättre för dig att gå in i Guds rike med ett öga än att med båda ögonen i behåll kastas i Gehenna."* (Markus 9:45-47).

Hur många gånger har vi begått synder med våra händer och fötter sedan vi föddes? Somliga slår folk i ilska. Andra stjäl och återigen andra förlorar sina tillgångar genom spel. Människor blir våldsamma med fötterna och går dit de inte borde gå. Om dina fötter därför förleder dig till synd, är det bättre att hugga av dem och komma in i himlen än att bli kastad i helvetet med två fötter.

Hur många synder har vi begått med våra ögon? Girighet och äktenskapsbrott äter upp oss när vi ser något vi inte borde se med våra ögon. Det är därför Jesus säger att om dina ögon förleder dig till synd, vore det bättre att riva ut dem och komma in i himlen än att bli kastad i helvetet efter att ha syndat genom dem.

Om någon syndade med sina ögon under Gamla Testamentets tid, blev de utstuckna; om någon syndade med sin hand eller fot, blev hans hand eller fot avhuggen; om någon mördade eller begick äktenskapsbrott, skulle han bli stenad till döds (5 Mosebok 19:19-21).

Om inte Jesus Kristus hade lidit på korset skulle Guds barn idag ha fått sina händer eller fötter avhuggna om de syndade med sina händer eller fötter. Men Jesus tog emot korset, blev fastspikad genom sina händer och fötter och utgöt sitt blod. Genom att göra det tvättade Han bort synderna som blivit begångna genom våra händer och fötter och vi behöver inte mer lida eller betala priset för våra synder. Hur stor Hans kärlek är!

Kom ihåg att Han renar dig från alla synder om du vandrar i ljuset, liksom Han är ljuset, och om du bekänner dina synder och vänder om till Honom (1 Johannes brev 1:7).

Därför är det viktigt att du fyller ditt hjärta med sanningen för att kunna leva ett segerrikt liv med ett tacksamt och ödmjukt hjärta som alltid är fokuserat på Gud.

Jesu ben blev inte krossade men Hans sida genomborrades

Jesus dog på en fredag, dagen före sabbaten. På den tiden var lördagen sabbatsdagen och judarna ville inte lämna kvar kropparna på korset under sabbaten.

Judarna bad därför Pontius Pilatus, i Johannes 19:31, att benen skulle krossas och att kropparna skulle tas ner.

Med Pontius Pilatus tillstånd, krossade soldaterna benen på tjuvarna som också hade blivit korsfästa, på varsin sida om Jesus, men de krossade inte Jesu ben för Han var redan död.

På den tiden ansågs det om de som blivit korsfästa, att de var förbannade och det var därför som soldaterna krossade deras ben. Därför ligger det en djup mening och omsorg i det faktum att de inte krossade Jesu ben.

Varför krossades inte Jesu ben?

Jesus, som inte hade någon synd, blev förbannad och upphängd på korset för att återlösa mänskligheten från lagens förbannelse. Satan kunde inte krossa Hans ben av den orsak att Jesus inte dog på grund av egna synder utan på grund av Guds försyn.

Gud beskyddade också Jesus från att få sina ben krossade för att uppfylla orden i Psaltaren 34:20 som säger, *"Han bevarar alla hans ben, inte ett enda av dem skall krossas."*

I 4 Mosebok 9:12 säger Gud till israeliterna att inte slå sönder något av lammets ben när de åt det. Han säger också i 2

Mosebok 12:46 att israeliterna kunde äta köttet från lammet men att de inte skulle krossa något av dess ben.

Lammet är en bild på Jesus som var fläckfri och oklanderlig, och som ändå offrade sig själv som ett ställföreträdande offer för människorna och deras synder utifrån sin kärlek till dem. I enlighet med 2 Mosebok 12:46, där det står, *"I ett och samma hus skall det [lammet] ätas. Du får inte föra ut något av köttet ur huset, och ni får inte krossa något ben på det"*, blev inget av Jesu ben krossat.

Hans sida blev genomborrad av ett spjut

Johannes 19:32-34 visar en annan ohygglig händelse:

> *Soldaterna kom därför och krossade benen på dem som var korsfästa tillsammans med honom, först på den ene och sedan på den andre. När de därefter kom till Jesus och såg att han redan var död, krossade de inte hans ben, men en av soldaterna stack upp hans sida med sitt spjut, och genast kom det ut blod och vatten.*

Varför stack soldaten ett svärd i Jesu sida, så att blod och vatten kom ut, trots att han redan visste att Jesus var död? Detta illustrerar människans ondska.

Trots att Han var Gud hävdade Jesus aldrig sina rättigheter som Gud. Istället gjorde Han sig själv ringa; Han antog en tjänares ödmjuka gestalt och blev till det yttre som en människa. Han var ödmjukade sig och var lydig intill döden på korset, en kriminell människas död. På detta sätt öppnade Jesus dörren till frälsning för dig (Filipperbrevet 2:6-8).

Under sitt liv i den här världen satte Jesus de fångna fria, gav rikedom till de fattiga, och botade de sjuka och de svaga. Han hade inte tillräckligt med tid för att äta eller sova i det att Han gjorde sitt bästa för att proklamera Guds Ord, för att frälsa så många själar Han bara kunde. Han gick upp på berget för att be till och med när Hans lärjungar vilade.

Många judar förföljde Honom med förakt trots att Han bara gjorde gott. På slutet korsfäste de Honom på ett kors som ett resultat av deras ondska. Och trots att den romerska soldaten visste att Jesus var död stack han ett spjut i Hans sida. Detta säger oss att människor staplade ondska på ondska.

Gud visade dig sin oerhörda kärlek genom att sända sin ende Son Jesus Kristus och lät Honom bli korsfäst på ett kors för att återlösa dig från synderna, trots mänsklighetens ondska.

Utgjutande av blod och vatten från Hans sida

Som redan blivit nämnt stack en romersk soldat, i sin ondska, ett spjut i Jesu sida, trots att han redan visste att Jesus var död. När soldaten stack Honom i sidan kom blod och vatten ut från Hans kropp. Det finns tre betydelser i denna episod.

Först visar det oss att Jesus kom i köttet som Människosonen. Johannes 1:14 säger, *"Och Ordet blev kött och bodde bland oss, och vi såg hans härlighet, en härlighet som den Enfödde har av Fadern, och han var full av nåd och sanning."* Gud kom i köttet till den här världen och Han var Jesus.

Syndare kan inte se Gud, för de förgås när de ser Honom. Därför kan inte Gud uppenbara sig själv framför dem och det är därför som Jesus kom till den här världen i köttet och gav många bevis för att leda oss till att tro på Gud.

Bibeln säger oss att Jesus var en människa precis som vi. Markus 3:20 säger, *"Sedan kom Jesus hem. På nytt samlades så mycket folk att han och hans lärjungar inte ens hade tid att äta."* Matteus 8:24 säger, *"Då blåste det upp till full storm på sjön, och vågorna slog över båten. Men han sov."*

En del människor under varför Jesus, Guds Son, kunde vara hungrig eller känna smärta. Men eftersom Jesus kom i köttet bestod Han av ben och muskler och behövde äta och sova. Han kände smärtan på samma sätt som vi gör.

Det faktum att blod och vatten kom ut från Hans kropp när Han blev stucken med ett spjut, ger dig övertygande bevis om att Jesus kom till jorden i köttet, trots att Han var Guds Son.

För det andra är det ytterligare ett bevis på att vi kan ha del av gudomlig natur även fast vi har ett kött. Gud vill att Hans barn ska bli heliga och perfekta som Han är perfekt. *"Det står skrivet: Ni skall vara heliga, ty jag är helig."* (1 Petrusbrevet 1:16) och *"Var alltså fullkomliga, såsom er Fader i himlen är fullkomlig."* (Matteus 5:48). Han uppmuntrar dig också genom att säga, *"Genom dem har han gett oss sina dyrbara och mycket stora löften, för att ni i kraft av dem skall få del av gudomlig natur, sedan ni kommit undan det fördärv som på grund av begäret finns i världen"* (2 Petrusbrevet 1:4), och *"Var så till sinnes som Kristus Jesus var."*

Jesus kom till denna värld i köttet och blev en tjänare i

enlighet med Guds vilja och fullgjorde hela sin plikt. Han uppfyllde också lagen med kärlek genom att övervinna alla prövningar och problem, och genom att leva efter Guds Ord.

Fast Han var människa precis som vi, accepterade Han villigt all smärta, följde Guds vilja med uthållighet och självkontroll, och offrade sig själv i kärlek till att dö på ett kors, utan att göra motstånd eller med klagan.

Hur kan vi då bli delaktiga i gudomlig natur, och ha samma sinnelag som Kristus Jesus?

Vi måste korsfästa vår syndfulla natur som består av passioner och begär och istället ha andlig kärlek och be ivrigt om att bli delaktig i gudomlig natur genom att ha samma attityd som Jesus.

Å ena sidan söker köttslig kärlek efter att tillfredsställa sig själv och denna kärlek kallnar allt eftersom tiden går. Människor med denna slags kärlek förråder varandra och måste lida när de inte kan vara eniga.

Å andra sidan vill Gud att vi ska ha kärleken som är tålmodig och mild och inte självcentrerad. Detta är en andlig kärlek som aldrig förändras och som utvecklas dag efter dag. Vi kan ha samma attityd som Jesus när vi besitter den andliga kärleken och när vi gör oss av med alla slags ondska genom ivrig bön.

Varenda en kan ta emot Guds nåd och kraft om man söker Hans hjälp i fasta och ivrig bön. Gud arbetar också för att hjälpa en sådan person att bli av med all slags ondska. Du kommer att skina som solen i himmelriket om du besitter andlig kärlek, producera den Helige Andes nio frukter (Galaterbrevet 5) och ta emot välsignelser (Matteus 5).

För det tredje kan Jesu utgjutande av blod och vatten ge oss kraft att leva ett sant och evigt liv.

Jesu blod och vatten var fläckfritt och oklanderligt eftersom Han inte hade någon arvsynd och inte hade begått någon synd. Andligt sett var det detta blod och vatten som kunde återuppstå. För att Han utgöt sitt heliga blod, renades vi från synden och vi kan besitta sant andligt liv som leder till frälsning, återuppståndelse och evigt liv.

Vattnet som kom ut från Jesu kropp symboliserar det eviga vattnet, Guds Ord. Du kan bli fylld med sanning och bli ett sant Guds barn till den grad att du förstår Hans ord och gör dig av med dina synder och lever i enlighet med Ordet.

Jesus, som inte hade någon fläck eller skrynkla, gav upp allting för att ge sig äkta liv, till den grad att Han utgöt sitt blod och vatten, trots att vi inte var bättre än djuren.

Jag hoppas att du förstår att du är frälst utan att ha behövt betala något pris och att du därför gör dig av med synden genom ivrig bön i tro, så du kan leva ett fruktsamt liv i Jesus Kristus.

Kapitel 7

JESU SJU SISTA ORD PÅ KORSET

- Fader, förlåt dem
- Idag skall du vara med mig i paradiset
- Kvinna, här är din son; Här är din moder
- *Eloi, Eloi, Lema Sabaktani?*
- Jag törstar
- Det är fullbordat
- Fader, i Dina händer överlämnar
  jag min ande

Men Jesus sade: 'Fader, förlåt dem, ty de vet inte vad de gör'... (v. 34).

... Men den andre tillrättavisade honom och sade: "Fruktar inte heller du Gud, du som är under samma dom? Vår dom är rättvis. Vi får vad vi har förtjänat. Men han har inte gjort något ont." Och han sade: "Jesus, tänk på mig, när du kommer till ditt rike." Jesus svarade: "Amen säger jag dig: I dag skall du vara med mig i paradiset." Det var nu omkring sjätte timmen. Då kom över hela landet ett mörker som varade ända till nionde timmen. Solen förmörkades, och förlåten i templet brast mitt itu. Och Jesus ropade med hög röst: "Fader, i dina händer överlämnar jag min ande." Och när han hade sagt detta gav han upp andan (v. 40-46).

Lukas 23:34, 40-46

De flesta människor ser tillbaka på sitt liv när döden kommer nära. De ger sina sista ord till sina familjemedlemmar och vänner.

Jesus blev kött och kom till den här världen genom Guds försyn och proklamerade sju ord på korset i det att Han tog sina sista andetag. Dessa ord kallas "Jesu sju sista ord på korset". Låt oss noga studera den andliga betydelsen av Jesu sju sista ord på korset.

Fader, förlåt dem

Filipperbrevets författare beskriver Jesus på följande sätt:

Var så till sinnes som Kristus Jesus var. Fastän han var till i Gudsgestalt, räknade han inte tillvaron som Gud såsom segerbyte utan utgav sig själv genom att anta en tjänares gestalt då han blev människa. Han som till det yttre var som en människa ödmjukade sig och blev lydig ända till döden - döden på korset (Filipperbrevet 2:5-8).

Jesus blev korsfäst på korset för att demonstrera sin kärlek och lydnad till Gud så att Han skulle kunna öppna vägen för syndare. Folket som stod vid korset hånade Jesus tillsammans med de judiska ledarna, *"Andra har han hjälpt. Nu får han hjälpa sig själv, om han är Guds Messias, den Utvalde."* (Lukas 23:35).

Soldaterna hånade också Honom, och erbjöd Honom surt vin och sa, *"Om du är judarnas konung, så hjälp dig själv."* (v. 37). En av brottslingarna som hängde där överöste Honom med anklagelser och sa, *"Är inte du Messias? Hjälp då dig själv och oss!"* (v.39).

Och när de kom till den plats som kallas Huvudskallen, korsfäste de honom och brottslingarna där, den ene på hans högra sida och den andre på hans vänstra. Men Jesus sade: "Fader, förlåt dem, ty de vet inte vad de gör." Och de delade hans kläder mellan sig och kastade lott om dem. (Lukas 23:33-34).

Jesus bad till Gud att de skulle bli förlåtna, "Fader, förlåt dem, ty de vet inte vad de gör," medan Han andades sina sista andetag. Jesus bad att Fadern skulle ge nåd och förlåtelse till folket som inte förstod att Jesus Guds Son blev korsfäst för att deras synder skulle bli förlåtna. Kanske de inte ens förstod att deras handlingar var synd. Detta var Hans första ord från korset.

Jesus ber i kärlek för folket som korsfäster Honom

Jesus, Guds Son, bad för dem som hade korsfäst Honom trots

att Han inte hade någon fläck eller lyte. Hur djup och stor Hans kärlek är! Det kunde ha varit så lätt för Jesus att komma ner från korset och undvika sin korsfästelse eftersom Han är ett med Gud den Allsmäktige och är utrustad med kraft från Gud Fadern. Men Han korsfästes för att uppfylla frälsningsplanen i enlighet med Guds vilja. Därför utstod Han allt lidande och skammen, och bad för dem med desperat kärlek, att de skulle bli förlåtna.

Jesus bad på fullaste allvar, "Fader, förlåt dem, ty de vet inte vad de gör." Ordet "de" gäller inte enbart de som korsfäste och hånade Honom utan också alla människor som inte tar emot Jesus Kristus utan fortsätter att leva i mörker. Precis som de som korsfäste Jesus Guds Son syndar många människor idag för de inte känner Jesus Kristus och sanningen.

Vår fiende djävulen tillhör mörkret och hatar ljuset så han korsfäste Jesus, det sanna ljuset. Idag kontrollerar djävulen personer som tillhör mörkret och får dem att förfölja dem som vandrar i ljuset.

Hur ska du reagera mot förföljare som inte känner sanningen?

Jesus undervisar oss om vad Guds vilja är och vad en kristens attityd bör vara genom dessa första ord från korset. I Matteus 5:44 står det, *"Jag säger er: Älska era ovänner och be för dem som förföljer er."* Vi måste kunna be för alla dem som förföljer oss och säga, "Fader, förlåt dem, ty de vet inte vad de gör". Välsigna dem så att också de kan ta emot Herren och att ni så kan träffas igen i himlen.

Idag skall du vara med mig i paradiset

Två brottslingar blev också korsfästa när Jesus hängde på korset som stod högt upp på Golgata, huvudskalleplatsen (Lukas 23:33).

En av dem överöste förolämpningar över Honom, men den andre tillrättavisade den förste, omvände sig och tog emot Jesus som sin personlige Frälsare. Sedan lovade Jesus honom att han skulle vara i paradiset med Honom. Detta var Jesu andra ord på korset.

> *En av brottslingarna som var upphängda där skymfade honom och sade: "Är inte du Messias? Hjälp då dig själv och oss!" Men den andre tillrättavisade honom och sade: "Fruktar inte heller du Gud, du som är under samma dom? Vår dom är rättvis. Vi får vad vi har förtjänat. Men han har inte gjort något ont." Och han sade: "Jesus, tänk på mig, när du kommer till ditt rike." Jesus svarade: "Amen säger jag dig: I dag skall du vara med mig i paradiset." (Lukas 23:39-43).*

Jesus proklamerade att Han var Messias som kunde förlåta syndare när de omvände sig och frälsa dem genom den andra ord Han sa på korset.

När vi läser de fyra evangelierna kan vi se att de två brottslingarnas respons är skrivet på olika sätt. I Matteus 27:44 står det, *"På samma sätt blev han också hånad av rövarna som var korsfästa tillsammans med honom."* I Markus 15:32 står det, *"Messias, Israels konung, han borde nu stiga ner från korset, så att vi får se det och tro! Också de som var korsfästa tillsammans med honom smädade honom."* I dessa två evangelier ser vi att båda brottslingarna överöste förolämpningar över Jesus.

Men i Lukas 23 läser vi att den ene brottslingen tillrättavisade den andre och omvände sig från sina synder, accepterade Jesus och blev frälst. Det handlar inte om att evangelierna inte stämmer överens med varandra utan om Guds omsorg. Gud tillät författarna att skriva på olika sätt. I Bibeln finner vi Guds försyn och de historiska elementen i koncentrerad form. Om allting skulle ha skrivits ut i detalj skulle inte ens tusen Biblar vara tillräckliga.

Idag kan vi spela in något med en videokamera och se det senare men på Jesu tid fanns det inte någon sådan utrustning. De kunde inte ens ta ett fotografi även fast dessa händelser var väldigt viktiga. De kunde endast skriva ner händelserna. Genom några få olikheter kan vi erfara och återuppleva en specifik situation mer realistisk.

Bättre förståelse för Jesu korsfästelse

När Jesus proklamerade evangeliet följde stora folkskaror Honom. Somliga ville lyssna på Hans budskap, andra ville se mirakler och tecken från himlen, andra ville ha mat och återigen andra sålde sina ägodelar och tjänade och följde Jesus.

I Lukas 9 tackar Jesus för fem bröd och två fiskar. Antalet människor som åt var omkring -5,000 människor (Lukas 9:12-

17). Tänk dig då så mycket folk som måste samlats vid platsen där Jesus blev korsfäst, inklusive de som älskade och hatade Honom och andra i samlingen. Folkskaran omringade korset så att soldaterna fick hindra dem med spjut och sköldar. Föreställ dig hur människor står runt omkring korset och ropar mot Jesus. Skaran förödmjukade Honom och även en av brottslingarna vid sidan om Jesus förolämpade Honom.

Vem kunde höra vad den första brottslingen sa? Det var mycket oväsen och bråk runt omkring så endast de som stod närmast Jesus kunde höra hans ord. Den andra brottslingen sa något mot Jesus med ett dåligt ansiktsuttryck. Denna brottsling hade faktiskt tillrättavisat den första brottslingen som hade förolämpat Jesus. Men de som stod långt borta kunde lätt tro att brottslingen som faktiskt omvände sig såg ut att förolämpa Jesus som hängde i mitten.

Med allt oväsen runt omkring, kunde författarna till Matteus och Markus evangelium inte tydligt höra den brottsling som omvände sig utan trodde att han också förolämpade Jesus. Så de skrev att båda brottslingarna förolämpade Jesus.

Men författaren till Lukas evangeliet hörde ordväxlingen tydligt så han visste att en av brottslingarna inte förolämpade utan istället omvände sig. De andra författarna befann sig längre bort och skrev därför annorlunda.

Gud, som vet allt, tillät dem att skriva på olika sätt så att kommande generationer kunde urskilja denna situation tydligt.

Himmelsk plats för brottslingen som omvände sig

Jesus lovade brottslingen som omvände sig på korset innan döden, "Du skall vara med mig i paradiset". Det har en andlig betydelse.

Himlen, Guds rike, ligger långt bortom vår fantasi. Jesus sa till oss i Johannes 14:2, *"I min Faders hus finns många rum. Om det inte vore så, skulle jag då ha sagt er att jag går bort för att bereda plats åt er?"* Psalmisten nödgar *"Prisa honom, ni himlars himmel och ni vatten ovan himlen."* (Psaltaren 148:4). Nehemja 9:6 prisar Gud som gjorde himlarna, även himlarnas himmel. 2 Korinterbrevet 12:2 talar om *"Jag vet om en man i Kristus som för fjorton år sedan blev uppryckt ända till tredje himlen - om han var i kroppen eller utanför kroppen vet jag inte, Gud vet det."* I Uppenbarelseboken 21:2 står det att det är i det Nya Jerusalem som Guds tron står.

Det finns alltså många boplatser i himlen. Men vi kan inte själv välja var vi vill bo. Gud den Rättvise belönar varenda en efter vad man har gjort i den här världen, hur mycket vi liknar vår Herre och arbetar för Guds rike och hur mycket vi har samlat i förråden i himlen, etc. (Matteus 11:12; Uppenbarelseboken 22:12).

Johannes 3:6 säger, *"Det som är fött av köttet är kött, och det som är fött av Anden är ande."* Beroende på den grad man gör sig av med köttsliga ting och blir en andlig person, kommer boplatserna i himlen bli uppdelade i grupper av samma andliga nivå.

Självklart är varje plats i himlen väldigt vacker för Gud

regerar där. Men det finns olikheter även i himlen. Till exempel livsstilar, hobbyer, levnadsstandarder och liknande i en storstad skiljer sig avsevärt från livet på landet. På samma sätt är den heliga staden, det Nya Jerusalem, den mest underbara plats i himlen där Guds tron står och där barnen som liknar Honom mest kommer att bo.

Paradiset är platsen där brottslingen som vände om i sista minuten innan han dog på korset bor och är placerat i utkanten av himlen. Många andra som tar emot skamfull frälsning kommer att bo där. Dessa människor tog emot Jesus men tog inga fler steg för att bli förvandlade andligt.

Varför kom den omvände brottslingen in i paradiset?

Han bekände att han var en syndare i sitt goda hjärta och tog emot Jesus som sin Frälsare. Men han gjorde inte sig av med sina synder, levde inte efter Guds ord eller evangeliserade andra. Han arbetade inte för Herren. Han gjorde ingenting för att ta emot någon himmelsk belöning

Därför kom han till paradiset, den obetydligaste platsen i himlen.

Jesu uppstigande till den övre graven

Även fast Jesus lovade brottslingen, "Idag skall du vara med mig i paradiset", betyder inte att Jesus bara bor i paradiset i himlen. Jesus, kungars Kung och herrars Herre, regerar och bor med Guds barn i alla himlar, inklusive paradiset och det Nya Jerusalem. På detta sätt bor Han i paradiset såväl som i andra platser i himlen.

När Jesus sa till den frälste brottslingen "Idag skall du vara med mig i paradiset", betyder ordet "idag" inte bara just den specifika dag som Jesus dog på korset eller vilken annan dag som helst. Jesus sa att Han skulle vara med den omvände brottslingen varhelst han var från den stunden han blev ett Guds barn.

När vi läser i Bibeln ser vi att Jesus inte gick till paradiset efter sin död. I Matteus 12:40 berättar Jesus för några fariséer att *"Ty liksom Jona var i den stora fiskens buk i tre dagar och tre nätter, så skall Människosonen vara i jordens inre i tre dagar och tre nätter."* Efesierbrevet 4:9 säger, *"Detta ord 'han steg upp' vad betyder det, om inte att han också stigit ner till jorden?"*

1 Petrusbrevet 3:18-19 tillägger, *"Så led också Kristus en gång för våra synder. Rättfärdig led han i orättfärdigas ställe, för att föra oss till Gud. Han blev dödad till köttet, men levandegjord genom Anden. I Anden gick han bort och utropade ett budskap för andarna i fängelset."* Jesus gick till den "övre graven" och predikade evangeliet till andarna innan Han uppstod på den tredje dagen. Varför var detta nödvändigt?

Innan Jesus kom till den här världen fanns det många människor under Gamla Testamentets tid och även människor i det Nya Testamentet som inte hade en chans att höra evangeliet men de levde i godhet och accepterade Gud. Betyder det att de alla gick till helvetet för de inte visste vem Jesus är?

Gud sände sin ende Son till den här världen och den som tar emot Honom blir frälst. Gud kunde inte ha startat mänsklighetens kultiverande bara för att frälsa dem som tar emot Jesus efter Hans korsfästelse. De som inte hade någon chans att höra evangeliet men levde med ett gott samvete kommer att bli dömda efter deras samvete.

De människor som var goda i hjärtat samlades i den "övre graven" medan "Hades" är platsen dit de onda själarna kom till och där kommer de att leva intill Domedagen. Efter Hans korsfästelse gick Jesus till den övre graven och predikade evangelium till andarna som inte kände till evangeliet men som levde med ett gott samvete och var värdiga att bli frälsta.

Det finns inget annat namn under himlen given till människan genom vilken de kan bli frälsta utom genom Jesus Kristus. Därför gick Jesus och predikade om sig själv till andarna så de kunde ta emot Honom och bli frälsta.

Bibeln säger att andarna som blev frälsta innan Jesu korsfästelse blev burna till Abrahams sida (Lukas 16:22) men kommer att bli burna till Jesu sida efter Hans uppståndelse.

Frälsning enligt samvetets lag

Innan Jesus kom till den här världen för att sprida evangeliet, hade goda människor levt genom att följa rättfärdigheten i deras hjärtan. Detta är samvetets lag. Goda människor gjorde inte något ont även när de hade problem och mötte svårigheter, för de lyssnade till rösten i sina hjärtan.

Romarbrevet 1:20 säger, *"Ända från världens skapelse ses och uppfattas hans osynliga egenskaper, hans eviga makt och gudomliga natur genom de verk som han har skapat. Därför är de utan ursäkt."*

Genom att se universum och hur allting på jorden verkar i

harmoni trodde människor som hade goda hjärtan att det finns evigt liv. Detta är orsaken till att de inte levde efter sin syndfulla natur utan de kontrollerade sig själva så de inte njöt av världsliga nöjen, allt för att de fruktade Gud.

Romarbrevet 2:14-15 säger, *"Ty när hedningar som saknar lagen, av naturen gör vad lagen befaller, då är de sin egen lag, fastän de inte har lagen. De visar att det som lagen kräver är skrivet i deras hjärtan. Om det vittnar också deras samveten och, när de är tillsammans, deras tankar, som anklagar eller försvarar dem."*

Gud gav lagen endast till israeliterna och inte till hedningarna. Men hedningarna lever även enligt lagen när de lever enligt lagen som finns i deras hjärtan, genom deras samvete som fås och praktiseras av dem själva. Du kan inte säga att de som inte fick någon möjlighet att tro Jesus Kristus inte kan bli frälsta för att de aldrig hörde evangeliet medan de levde.

Bland dem som dog utan att känna till Jesus Kristus fanns det människor som kunde kontrollera sig själva och stå emot onda tankar på grund av deras rena hjärtan. Dessa människor kommer att bli frälsta i enlighet med Guds dom av deras samveten.

Kvinna, här är din son; Här är din moder

Aposteln Johannes skrev vad han såg och hörde vid korset som Jesus hängde på. Där fanns många kvinnor inklusive Maria, Jesu moder; Salome, Hans mors syster; Maria, Klopas hustru; och Maria Magdalena. I Johannes 19:26-27 säger Jesus till den förkrossade Maria, Hans mor, att tänka på Johannes som sin son och sa till Johannes att ta hand om henne som sin mor:

> *När Jesus såg sin mor och bredvid henne den lärjunge som han älskade, sade han till sin mor: "Kvinna, se din son." Sedan sade han till lärjungen: "Se din mor." Och från den stunden tog lärjungen henne hem till sig.*

Varför kallade Jesus Maria "Kvinna" och inte "Moder"?

Ordet "moder" sägs inte av Jesus, men är skrivet av aposteln Johannes från hans perspektiv. Varför kallade Jesus sin egen mor som hade fött honom för "kvinna"?

Vi kan läsa i Bibeln på andra ställen att Jesus inte kallade henne "Moder".

I Johannes 2:1-11 gjorde Jesus det första miraklet genom att förvandla vatten till vin efter att Han hade påbörjat sin tjänst. Detta mirakel skedde vid ett bröllop i Kana i Galiléen. Jesus och Hans lärjungar var också inbjudna till bröllopet. När vinet tog slut sa Maria till Honom, "De har inget vin" för hon visste att som Guds Son kunde Jesus förvandla vatten till vin. Då svarade Jesus henne, *"Kvinna, vad har vi med det att göra? Min stund har ännu inte kommit."* (v.4).

Jesus svarade att tiden var ännu inte inne för Honom att visa sig själv som Messias även fast Maria tyckte synd om gästerna för att det inte fanns mer vin. Andligt sett betyder förvandlingen av vatten till vin att Jesus skulle utgjuta sitt blod på korset.

Jesus proklamerade om sig själv att Han hade kommit till den här världen som vår Frälsare genom att fullborda den gudomliga planen för mänsklighetens frälsning på korset. Så Han kallade Maria "kvinna" och inte "moder".

Förutom det, vår Frälsare Jesus är Gud i Treenigheten och Skaparen. Gud Skaparen är Han som Är (2 Mosebok 3:14) och Han är den Förste och den Siste (Uppenbarelseboken 1:17, 2:8). Därför har Jesus ingen moder och det är därför som Jesus kallade henne "kvinna" och inte "moder".

Idag hänvisar många Guds barn till Maria som Jesu "heliga moder" och gör statyer av henne och tillber framför dem. Vi behöver förstå att detta är fullständigt fel för hon är inte vår Frälsares moder (2 Mosebok 20:4).

Det himmelska medborgarskapet

Jesus tröstade Maria som var djupt förtvivlad över Hans korsfästelse och sa till sin älskade lärjunge att se efter Maria som sin egen mor. Även fast Jesus led outsäglig smärta på korset, brydde Han sig ändå väldigt djupt om vad som skulle ske med Maria efter Hans död. Du kan uppleva och se Hans kärlek i det här.

Genom Jesu tredje ord på korset, kan vi förstå att i tro är vi alla bröder och systrar – Guds familj. I Matteus 12 finns det en händelse då Jesu familj kommer för att träffa Honom. När Jesus får veta att Hans moder och bröder är utanför huset säger Han till folksamlingen:

Han svarade: "Vem är min mor och vilka är mina

bröder?" Och han räckte ut handen mot sina lärjungar och sade: "Här är min mor och mina bröder. Var och en som gör min himmelske Faders vilja är min bror och min syster och min mor." (Matteus 12:48-50).

När din tro växer efter att du tagit emot Jesus Kristus, kommer din känsla för det himmelska medborgarskapet bli tydligare och du kommer att älska dina bröder och systrar i Kristus mer än dina biologiska familjemedlemmar. Om dina familjemedlemmar inte är Guds barn kommer din familj inte förbli en "familj" för evigt. Våra familjerelationer kommer att avslutas i och med döden. Om de inte tror på Jesus Kristus eller lever efter Guds vilja även fast de hävdar att de tror på Gud, kommer de hamna i helvetet på grund av att syndens lön är döden (Matteus 7:21).

Vårt synliga kött återgår till jord efter döden men vi har en odödlig ande. Om Gud tar vår ande, kommer vi bara vara lik som snart ruttnar bort. Gud Skaparen formade den första människan från jord och inandades livsande i hans näsborrar så hans ande blev odödlig. Det är Gud som ger liv till din odödliga ande och gör så att köttet återvänder till jord. Därför är Han din sanne Fader.

Matteus 23:9 berättar för oss, "Ni skall inte heller kalla någon på jorden er fader, ty en är er Fader, han som är i himlen." Detta betyder inte att du inte ska älska de i din familj som är icke-troende. Det är väldigt viktigt att du verkligen älskar dem, predikar evangeliet för dem och leder dem till att acceptera Jesus Kristus.

Eloi, Eloi, Lema Sabaktani?

Jesus korsfästes på korset vid den tredje timmen och från den sjätte timmen kom ett mörker över hela jorden som varade till den nionde timmen då Han tog sitt sista andetag. För att omvandla detta till modernt tidskoncept blev Jesus korsfäst klockan nio på morgonen och tre timmar senare, klockan tolv på dagen, kom ett mörker över hela jorden som varade till klockan tre på eftermiddagen.

> *Vid sjätte timmen kom över hela landet ett mörker som varade till nionde timmen. Och vid nionde timmen ropade Jesus med hög röst: "Eloi, Eloi, lema sabaktani?" Det betyder: "Min Gud, min Gud, varför har du övergivit mig?" (Markus 15:33-34)*

Sex timmar senare, vid den nionde timmen, ropade Jesus till Gud, *"Eloi, Eloi, lema sabaktani."* Det var Jesu fjärde ord från korset.

Jesus var utmattad då Han hade hängt på korset i sex timmar, utgjutande sitt blod och vatten under stark ökensol. Han var fullständigt utmattad. Varför ropade Han då ut på det sättet?

Alla sju ord från Jesus på korset har en andlig mening. Om de inte hade varit hörbara skulle de ha varit värdelösa. Det var meningen att dessa sju ord skulle skrivas ner klart och tydligt i Bibeln, så att alla skulle kunna förstå Guds vilja.

Därför ropade Han ut de sju orden från korset med all sin styrka så att de som var nära korset skulle kunna höra dem klart och tydligt och skriva ner dem.

Somliga säger att Jesus ropade i ilska mot Gud för att Han hade kommit till världen i köttet och utstod förskräcklig smärta i onödan. Men det är fullständigt fel.

Varför ropade Jesus ut, *"Eloi, Eloi, Lema Sabaktani?"*

Orsaken till att Jesus kom till jorden var för att förstöra djävulens verk och öppna dörren för frälsning för oss.

På grund av detta lydde Jesus Guds vilja in i döden och offrade sig själv helt och hållet. Före sin korsfästelse bad Han ivrigt och Hans svett var som blodsdroppar som föll till marken (Lukas 22:42-44). Han bar sin börda, och visste vad allt som låg framför Honom i form av lidande och smärta på korset skulle innebära.

Han utstod misshandel och lidande på korset för Han visste om Guds plan för människorna. Hur kan man då säga att Jesus verkligen avskydde att möta sin död? Hans utrop var inte en sorgens suck eller ett rop i ilska mot Gud. Jesus hade orsak att göra det.

För det första, Jesus ville proklamera för världen att Han blev korsfäst för att återlösa alla syndare från synd.

Han ville att alla skulle förstå att Han hade lämnat sin härlighet i himlen och hade blivit förbisedd av Gud trots att Han var Guds enfödde Son. Han ropade ut för att låta alla veta att

Han led en enorm smärta på korset för att frälsa och återlösa syndare från synd. Bibeln visar oss att Han brukade kalla Gud "min Fader", men på korset kallade Jesus Honom "min Gud". Han gjorde det för Han tog korset på sig till förmån för syndare och syndare kan inte kalla Gud för "Fader".

Vid den här tidpunkten betraktade Gud Jesus som en syndare som bar hela mänsklighetens synder, och Jesus vågade inte kalla Gud för "Fader". På samma sätt kan du kalla Gud "Abba Fader" när du har samma kärlek, men måste kalla Honom för "Gud" istället för "Fader" när du är borta från Gud på grund av dina synder eller för att du har svag tro.

Gud vill att alla människor ska bli Hans sanna barn som kan kalla Honom "Fader" genom att acceptera Jesus Kristus och vandra i ljuset.

For det andra, Jesus ville varna människorna som inte kände Guds vilja och fortfarande levde i mörker.

Gud sände sin ende Son Jesus Kristus till den här världen och tillät Honom att bli hånad och korsfäst av sin egen skapelse. Jesus visste varför Gud förbisåg sin Son, men folkmängden som korsfäste Honom kände inte till Guds vilja. Han ropade "Min Gud, Min Gud, varför har du övergivit mig"? för att låta de okunniga förstå Guds kärlek och omvända sig så de skulle komma in på frälsningens väg.

Jag törstar

I det Gamla Testamentet finns det ett stort antal profetior om Jesu lidanden på korset. I Psaltaren 69:22 står det, *"De gav mig galla att äta och ättika att dricka i min törst."* Som det är förutsagt i Psaltaren, när Jesus sa, "Jag törstar", tog några människor en svamp fylld med ättikvin, satte svampen på en stjälk av isop och lyfte upp den till Jesu läppar.

> *Jesus visste att allt redan var fullbordat, och han sade därefter för att Skriften skulle uppfyllas: "Jag törstar." Där stod ett kärl fullt med ättikvin, och de fäste en svamp fylld med ättikvin runt en isopstjälk och förde den till hans mun. (Johannes 19:28-29).*

Långt innan Jesus Kristus blev född i staden Betlehem, såg psalmisten i en vision att Jesus skulle bli korsfäst och dö på korset, och skrev om det. Jesus sa, "Jag törstar", så att Skriften skulle bli uppfylld.

Låt oss se på den andliga betydelsen av Jesu femte ord på korset, "Jag törstar".

Jesus deklarerar sin andliga törst

Många människor kan stå ut med hunger men inte med törst. Jesus var ordentligt utmattad för Han hade varit fastspikade vid korset under sex timmar och Han utgöt sitt blod under den stekande ökensolen. Hans törst måste ha varit bortom all föreställning.

Det står inte att Jesus inte kunde stå ut med sin törst när Han sa, "Jag törstar". Han visste att Han väldigt snart skulle återvända till Gud i frid.

Han hade istället mer kval från sin andliga törst än fysisk törst. Detta är Jesu starka önskan till Guds barn: "Jag törstar för jag har utgjutit mitt blod. Släck min törst genom att betala för mitt blod."

Två tusen år har passerat sedan Jesus dog på korset, men Han säger fortfarande till oss att Han törstar. Hans törst kommer från det att Han utgöt sitt blod. Han utgöt sitt blod för att förlåta dina synder och ge dig ett evigt liv.

Jesus säger till oss att Han törstar för att demonstrera sin villighet att frälsa förlorade själar.

Därför behöver Guds barn som är frälsta genom Jesu blod kompensera för Hans blod.

Det sätt vi betalar för Hans blod och släcker Hans törst är att leda människor, som omedvetet går till helvetet, till himlen istället.

Därför måste vi vara tacksamma till Jesus för att Han utgöt sitt blod och släcka Hans törst genom att leda människor in på frälsningsvägen.

Det är fullbordat

I Johannes 19:30 tar Jesus emot drycken och säger, *"Det är fullbordat"* och böjer ner sitt huvud och ger upp andan. Jesus accepterade svampen på isopstjälken. Det var inte för att Han inte kunde stå ut med sin törst utan det finns en andlig menig med det Han gjorde.

Orsaken till att Jesus kom i köttet till den här världen var för att Han skulle korsfästas för mänsklighetens synder. I sin stora kärlek till oss uppfyllde Jesus det Gamla Testamentets lag och bar alla människors synder och förbannelser i deras ställe. På Gamla Testamentets tid offrade människor djurs blod som offer till Gud när de hade syndat. Men Jesus gjorde ett enda offer för alla synder för all tid, genom att utgjuta sitt blod (Hebreerbrevet 10:11-12). Därför är dina synder förlåtna när du tar emot Jesus Kristus för att Han redan har återlöst dig. Återlösande nåd genom Jesus Kristus hänvisar till det nya vinet och Han drack av ättikvinet för att ge oss nytt vin.

Den andliga betydelsen av ordet "Det är fullbordat"

Jesus sa, "Det är fullbordat" och gav upp andan. Vad betyder det här andligt sett?

Jesus blev kött, kom till jorden, predikade evangelium, botade alla svagheter och sjukdomar och öppnade dörren till frälsningens väg genom att ta korset för alla dem som var bestämda till att dö.

Han uppfyllde Gamla Testamentets lag med kärleken när Han offrade sig själv in i döden. Han vann också över djävulen genom att helt och hållet förgöra djävulens verk. Han fullbordade alltså den gudomliga planen för mänsklighetens frälsning. Därför sa Jesus, "Det är fullbordat" på korset.

Gud vill att Hans barn ska uppfylla allt genom att leva efter Guds vilja precis som Hans enfödde Son Jesus uppfyllde all frälsningsomsorg genom att lyda Fadern i det att Han gav sitt liv, i enlighet med Guds vilja och plan.

Därför behöver du imitera Herrens hjärta genom att vinna andlig kärlek, bära de nio frukterna från den Helige Ande (Galaterbrevet 5:22-23) och uppnå saligprisningarna (Matteus 5:3-10). Sedan behöver du vara trofast till Guds verk givet till dig av Herren. Du behöver leva så många människor som möjligt till Herren genom ivrig bön, predika evangeliet och tjäna i församlingen.

Jag hoppas att varenda en av er, Guds dyrbara barn, kommer att övervinna världen genom fast tro, med hopp om himlen och kärlek till Gud, och bekänna, "Det är fullbordat" genom att lyda Gud och Hans vilja på det sätt som vår Herre Jesus Kristus demonstrerade.

Fader, i Dina händer överlämnar jag min ande

När Jesus uttalade sina sista ord på korset var Han fullständigt utmattad. I detta tillstånd ropade Jesus ut med hög röst, "Fader, i dina händer överlämnar jag min ande."

Och Jesus ropade med hög röst: "Fader, i dina händer överlämnar jag min ande." Och när han hade sagt detta gav han upp andan (Lukas 23:46).

Du kan notera att Jesus kallade Gud "Fader" istället för "min Gud". Det visar att Jesus nu hade fullbordat sitt uppdrag som ett ställföreträdande offer.

Jesus överlämnade sin ande och själ till Gud

Varför överlämnade Jesus, som kom till jorden som vår Frälsare, sin ande och själ i Hans Faders händer?

Människan består av ande, själ och kropp (1 Tessalonikerbrevet 5:23). När människan dör lämnar hans ande och själ hans kropp. Hans ande och själ återvänder till Guds sida om han är ett Guds barn, annars kommer hans ande och själ att gå till helvetet (Lukas 16:19-31). Hans kropp begravs och återvänder till jord.

Jesus, Guds Son, blev kött och kom till den här världen. Han hade ande, själ och kropp på samma sätt som vi har. När Han blev korsfäst dog Hans kropp men inte Hans ande och själ; Han överlämnade sin ande och själ i Guds händer.

Gud tar emot både din ande och din själ när du dör. Om Gud bara tog emot anden och inte själen skulle du aldrig att kunna uppleva sann lycka i himlen eller vara tacksam från djupet av ditt hjärta. Varför? Du skulle inte komma ihåg det som kom ut från din själ som till exempel tårar, sorg, lidande och annat som du uthärdade på jorden. Det är därför som Gud tar emot både anden och själen.

Varför överlämnade Jesus sin ande och själ till Gud? För Gud är Skaparen, som regerar över allting i universum och har hand om ditt liv, din död, dina förbannelser och dina välsignelser.

Allting tillhör Gud och är under Hans suveränitet. Gud är den ende som kan svara på dina böner. Därför behövde Jesus själv be för att kunna överlämna sin ande och själ till Fader Gud (Matteus 10:29-31).

Jesus bad med hög röst

Varför bad Jesus med hög röst även då Han var mitt i enormt lidande, och sa "Fader, i dina händer överlämnar jag min ande"?

Det var för att Han ville att människor skulle höra och låta dem få veta att bön under rop är Guds vilja. Hans bön om att överlämna sin ande till Gud var lika allvarlig som Hans bön i Getsemane strax innan Han blev arresterad.

Jesu bön, "Fader, i dina händer överlämnar jag min ande", bevisar också att Jesus uppfyllde allting efter Guds vilja. Han kunde nu överlämna sin ande till Gud, med sitt huvud högt, för Han hade fullbordat sin gärning i full lydnad till Gud.

Aposteln Paulus bekände, *"Jag har kämpat den goda kampen, jag har fullbordat loppet, jag har bevarat tron. Nu ligger rättfärdighetens segerkrans i förvar åt mig. Den skall Herren, den rättfärdige domaren, ge åt mig på den dagen, och inte bara åt mig utan åt alla som älskar hans återkomst."* (2 Timoteusbrevet 4:7-8).

Diakonen Stefanus levde också efter Guds vilja och behöll tron. Därför kunde han be, *"Herre Jesus, ta emot min ande"* i det att han tog sitt sista andetag (Apostlagärningarna 7:59). Aposteln Paulus och Stefanus kunde inte ha bett på det sättet om de hade levt på världsligt vis, kämpande för detta livets goda, ett begär som härstammar från den syndfulla naturen.

Du kan på samma sätt stolt säga, "Det är fullbordat" och "Fader, i dina händer överlämnar jag min ande", som Jesus gjorde, när du har levt helt och hållet efter Gud Faderns vilja.

Vad hände efter Jesu död?

Jesus dog på korset efter att Han hade sagt sina sista ord med hög röst. Det var vid den nionde timmen (klockan tre på eftermiddagen). Även fast det var dagtid, hade mörker kommit över hela landet sedan den sjätte timmen (klockan 12) till den nionde timmen och templets förhänge delades i två delar (Lukas 23:44-45).

Och se, då brast förlåten i templet i två delar, uppifrån och ända ner, jorden skakade och klipporna rämnade, gravarna öppnades, och många heliga som hade insomnat fick liv i sina kroppar. De gick efter hans uppståndelse ut ur gravarna och kom in i den heliga staden och visade sig för många. (Matteus 27:51-53).

Det finns en viktig andlig betydelse av meningen, "då brast förlåten i templet i två delar, uppifrån och ända ner". Det långa draperiet i templet fanns där som en avdelning mellan det Heliga och det Allra Heligaste. Ingen kunde komma in i det Heliga utom prästerna och endast översteprästen kunde gå in i det Allra Heligaste en gång om året.

Att förhänget i templet brast pekar på att Jesus offrade sig själv som ett fredsoffer för att riva ner syndernas mur. Innan förhänget delades i två delar brukade översteprästen offra syndoffer i folkets ställe och stod som medlare mellan dem och Gud.

Du kan ha en direkt relation med Gud för att syndernas mur har rivits ner genom Jesu död. Den som tror på Jesus Kristus kan komma in i det Allra Heligaste och tillbe och be till Gud utan någon överstepräst eller profet som medlare.

Hebreerbrevets författare säger, *"Bröder, i kraft av Jesu blod kan vi nu frimodigt gå in i det allra heligaste på den nya och levande väg som han har öppnat för oss genom förlåten, det vill säga sitt kött."* (Hebreerbrevet 10:19-20).

Jorden skakade och klippor rämnade står det också. Alla dessa onaturliga händelser säger oss att hela naturen i den här världen skakades. Det representerade Guds sorg över människans ondska. Gud uttryckte att Han var djupt sårad på grund av att människans hjärtan var förhärdade så att de inte tog emot Jesus Kristus även då Han hade givit sin ende Son för att frälsa dem.

Gravar öppnades och kroppar till de heliga som hade dött uppstod till livet. Det är ett bevis på uppståndelsen, att var och en som tror på Jesus Kristus är förlåten och får liv på nytt.

Om du därför förstår den andliga betydelsen och Herrens kärlek i Hans sju sista ord på korset kan du leva ett segerrikt kristet liv, längtande efter Herrens återkomst, likt våra förfäder i tron.

Kapitel 8

SANN TRO OCH EVIGT LIV

- Vilken djup hemlighet det är!
- Falska bekännelser leder inte till frälsning
- Människosonens kött och blod
- Förlåtelse endast genom att vandra i ljuset
- Tro genom handling är sann tro

Den som äter mitt kött och dricker mitt blod har evigt liv, och jag skall låta honom uppstå på den yttersta dagen. Ty mitt kött är verklig mat och mitt blod är verklig dryck. Den som äter mitt kött och dricker mitt blod förblir i mig och jag i honom. Liksom den levande Fadern har sänt mig, och jag lever därför att Fadern lever, så skall också den som äter mig leva därför att jag lever.

Johannes 6:54-57

Det absoluta målet med att tro på Jesus Kristus och gå till kyrkan är att bli frälsa och vinna evigt liv. Men många tror att de blir frälsta bara för att de går till kyrkan varje söndag och säger att de tror på Jesus Kristus, utan att leva efter Guds ord.

Förvisso står det i Galaterbrevet 2:16, *"Men eftersom vi vet att människan inte förklaras rättfärdig genom laggärningar utan genom tro på Jesus Kristus, så har också vi satt vår tro till Kristus Jesus, för att vi skall stå som rättfärdiga genom tro på Kristus och inte genom laggärningar. Ty genom laggärningar blir ingen människa rättfärdig."* och du kan inte komma in i himlen eller bli rättfärdig bara genom att till det yttre hålla lagen, särskilt om ditt hjärta är fullt av ondska. Du har ingen relation med Jesus Kristus om du fortsätter att synda och inte följer Guds Ord efter att du har hört och lärt dig om det.

Därför bör du förstå att det är svårt för dig att bli frälst bara genom att bekänna din tro med dina läppar. Jesu blod renar dig från dina synder och frälser dig bara när du vandrar i ljuset och lever i sanningen. Du behöver ha sann tro som efterföljs av gärningar (1 Johannes 1:5-7).

Låt oss se i detalj hur man får sann tro för att kunna ta emot hela frälsningen och evigt liv som äkta Guds barn.

Vilken djup hemlighet det är!

Det står i Efesierbrevet 5:31-32, *"Därför skall en man lämna sin far och sin mor och hålla sig till sin hustru, och de två skall vara ett kött. Denna hemlighet är stor - jag talar om Kristus och församlingen."*

Det är vanligt sunt förnuft att människor lämnar sina föräldrar och blir förenade med sin man eller hustru när de växer upp. Varför säger då Gud att detta är en stor hemlighet? Om du översätter och förstår den här versen bokstavligt skulle du inte förstå vad denna "stora hemlighet" är, men om du förstår den andliga betydelsen bakom det, kommer du bli uppfylld med glädje.

"Församlingen" här syftar på Guds barn som har tagit emot den Helige Ande. Gud jämför nämligen relationen mellan Jesus Kristus och troende med en man och en kvinna som blir förenade.

Hur kan du lämna världen och bli förenad med din Brudgum Jesus Kristus?

Om du genom tro accepterar Jesus Kristus

Sedan den första människan Adam syndade genom olydnad mot Gud kom synden in i världen. Alla hans efterkommande blev slavar under synden och fienden djävulens barn som regerar över den här världen.

Innan du accepterade Jesus Kristus tillhörde du den här världen och fienden djävulen, som har makten över den här världen som ligger i mörker. Det har blivit bekräftat av Johannes 8:44 där det står, *"Ni har djävulen till er fader. Och vad er fader har begär till, det vill ni göra. Han har varit en mördare från början och har aldrig stått på sanningens sida, eftersom sanning inte finns i honom. När han talar lögn, talar han av sitt eget, ty han är en lögnare, ja, lögnens fader"*, och i 1 Johannes 3:8 som säger, *"Den som gör synd är av djävulen, ty djävulen har syndat ända från begynnelsen."*

Men när du accepterar Jesus Kristus som din Frälsare och kommer till ljuset tar du emot auktoritet som Guds barn och blir befriad från synder, för dina synder är förlåtna genom Jesu Kristi blod.

Om du äger tron att Jesus Kristus har återlöst dig från dina synder genom att ta emot korset ger Gud dig den Helige Ande som en gåva, och den Helige Ande ger liv till din ande i ditt hjärta. Den Helige Ande berättar för dig och undervisar dig om Guds vilja så att du kan uppföra dig och leva i tron.

Du blir sedan ett Guds barn, ledd av Guds Ande, genom vilken du ropar, "Abba Fader" (Romarbrevet 8:14-15), och får ärva Guds rike.

Hur underbart och hemlighetsfullt det är att djävulens barn som en gång hade fallit in i evig död har blivit Guds barn som är på väg till himlen genom tro!

När du blir förenad med Jesus Kristus genom att tro på Honom, kommer den Helige Ande in i ditt hjärta och blir förenad med livets säd. Gud skapade den första människan från jord och andades in livsande i hans näsborrar. Livsande är livssäden, livet själv. Därför kan det aldrig dö och det har blivit fört vidare till de efterkommande genom mänsklig sperma och ägg, från en generation till nästa.

Denna livssäd är omgiven av hjärtat. Efter att Gud skapat Adam planterade han kunskap om livet, andlig kunskap in i hans hjärta. På det sätt en nyfödd baby måste lära sig kunskapen i de här världen för att bli en man i sin tid, få karaktär och leva som en människa, behöver varje levande varelse kunskap om livet för att bli en sann levande varelse även fast det redan har liv i sig själv.

Adan blev en gång fylld med andlig kunskap, nämligen sanningen. Men efter att han hade varit olydig mot Gud bröts kommunikationen med Gud. Han började då förlora sin andliga kunskap lite i taget och osanningen intog platsen i hans hjärta istället.

Från den tiden och framåt blev hjärtan som tidigare bara var fylld av sann kunskap till att nu bli fylld av två delar; sanning och osanning. Adam hade till exempel kärlek i sitt hjärta men fienden djävulen planterade osanning som kallades hat i honom. Som ett resultat kan du se i 1 Mosebok 4 att Kain, som Adam födde efter syndafallet, dödade sin broder Abel på grund av avundsjuka och svartsjuka.

Allt eftersom tiden gick började en annan del utveckla sig i hjärtat, som var fyllt med sanning och osanning. Denna del kallades "naturen". Vi ärver karaktärsdrag och egenskaper från våra föräldrar. Vi tar in det vi ser, hör och lär oss genom våra känslor i vårt sinne. Dessa två formar "naturen" i strävandet efter att finna sanningen.

Naturen kallas ofta för "samvete", och den är formad på

väldigt olika sätt beroende på vilka slags människor vi möter, vilka slags böcker vi läser, och omständigheterna runt vår uppväxt. Vi kan se skillnaderna när några personer ser samma händelse, en säger "Det är ont" medan andra kanske säger "Det är gott" eller "det där var bra gjort".

När vi därför analyserar någons hjärta finns det sanna delar som tillhör Gud och osanna delar som är givna av Satan, och personen natur är formad som ett resultat av dessa två delar.

Den Helige Ande förenad med livets säd i hjärtat

I Adams fall fanns det tre delar som omslöt livets säd som hade blivit honom given av Gud i hjärtat. Detta tillstånd inträffar när Guds Ord "kommer ni döden dö" blev uppfyllt efter att Adam åt från trädet med kunskap om gott och ont. Även fast det finns livssäd, är det samma sak som att vara död om inte livets säd är i funktion.

När man sår säden på fälten kommer inte all säd att gro för att en del av dem är redan döda. Ändå finns det säd som är vid liv och de kommer sannerligen att gro.

Det är samma sak med människorna. Om livets säd som blev givet av Gud är fullständigt dött, kan det inte återupplivas och det finns inget behov för Gud att förbereda Jesus Kristus för mänsklighetens frälsning eller att göra himlen och helvetet.

Men livets säd som gavs till människan när Gud inandades livsande in i honom är evigt. När du tar emot evangeliet upplivas livets säd igen, och ju större utrymme det blir för det sanna i ditt hjärta desto enklare blir det att acceptera evangeliet. Den som lyssnar till budskapet om korset och accepterar Jesus Kristus tar emot den Helige Ande. Då blir livets säd i hjärtat förenat med den Helige Ande.

Människor med ett samvete som blivit brännmärkt som med ett hett strykjärn, har ingen plats för evangeliet att komma in för hjärtat är fullt av osanning och livets säd är fullständigt omslutet och beseglat i deras hjärtan. Livets säd som har varit i ett tillstånd av död återfår kraften att återuppta sin funktion när det blir förenat med Guds stora kraft, den Helige Ande.

Att bli en människa efter anden

När vi går på gudstjänster, förstår Guds Ord, och ber, kommer Guds nåd och mäktiga kraft över oss och gör det möjligt för oss att följa den Helige Andes natur.

Genom denna process, blir vårt hjärta och vår ande ett i det att hjärtat blir mer och mer äkta, genom att osanning tas bort från och sanning får uppfylla hjärtat. Om ens hjärta är fullständigt fyllt med andens kunskap och sanning, kommer detta hjärta vara ande i sig själv, på samma sätt som den första människan Adam hade varit.

Även om du verkar trogen handlar du efter din natur om du inte ber. Den Helige Ande i dig kan inte ge liv till din ande då och du kommer fortfarande vara en människa efter köttet. Vidare kan du inte följa den Helige Andes natur om du inte bryter med dina egna tankar och argument, även om du ber noggrant eller under en väldigt lång tid. Därför kan du inte bli förvandlad till en människa efter anden.

Den Helige Ande gör det möjligt för dig att tänka i enlighet med sanningen i ditt hjärta, det vill säga, om du lever efter den Helige Andes önskan. Satan arbetar på samma sätt för att leda dig till förgörelsen genom att fresta dig att följa köttsliga tankar så länge du fortfarande har osanning i ditt hjärta.

Därför måste vi göra oss av med både köttsliga tankar och självrättfärdighet som det står i 2 Korinterbrevet 10:4-5, *"Ja, vi bryter ner tankebyggnader och allt högt som reser sig upp mot kunskapen om Gud. Och vi gör varje tanke till en lydig fånge hos Kristus."*

När du lyder Guds ord och säger "Ja" och följer den Helige Andes önskan kommer ditt hjärta att bli fyllt med bara sanning, och du kommer att bli en fullkomligt helig människa efter anden.

Du kan ta emot vad helst du ber om

Du blir ett med Herren när du gör dig av med all osanning, bryter "självrättfärdigheten" genom att låta din ande få liv genom den Helige Ande, och göra ditt hjärta rent som din Herre Jesu Kristi hjärta.

En man och en kvinna blir ett kött och föder en baby genom föreningen av en spermie och ett ägg. När du kommer ut ur den här världen och blir ett med Jesus Kristus, din brudgum, genom att acceptera Honom, ger du liv till din ande med den Helige Ande och får ta emot överflödande välsignelser i det att du blivit ett Guds barn.

Som det står i Romarbrevet 12:3 finns det mått av tro, och du tar emot svaren i enlighet med dessa mått. I 1 Johannes brev 2.12 och vidare blir växandet i tron jämfört med växandeprocessen hos människor.

De som accepterar Jesus Kristus, tar emot den Helige Ande och är frälsta har en tro som små barn (1 Johannes brev 2:12). De som börjar tillämpa sanningen och börja sätta den i handling har tro som barn (1 Johannes brev 2:13). När de växer upp från detta stadium och verkligen tillämpar de och sätter den i handling har tro som ungdomar (1 Johannes brev 2:13). Om de växer upp ännu mer kommer de har tro som fäder (1 Johannes brev 2:13).

När vi läser om Job i det Gamla Testamentet kan vi se att Gud visste att han var oklanderlig och upprätt man men Satan utmanade och Gud tillät Satan att pröva Job. Först insisterade Job på att han var rättfärdig. Men snart förstod han sin ondska och omvände inför Gud när hans onda natur hade blivit uppdagad på grund av prövningen. Jobs självrättfärdighet blev bruten och hans hjärta blev rättfärdigt och rent i Guds ögon. Bara då kunde Gud välsigna honom dubbelt så mycket som förut.

Om du på samma sätt får tag på tro som fäder, vilket är den högsta nivån av tro, genom att bryta din egen självrättfärdighet och bli ett med Herren, kan du ta emot överflödande välsignelser som ett Guds barn. Det är vad Gud har lovat dig i 1 Johannes brev 3:21-22: *"Mina älskade, om hjärtat inte anklagar oss är vi frimodiga inför Gud, och vad vi än ber om, det får vi av honom, ty vi håller hans bud och gör det som gläder honom."*

Du kan njuta av välsignelserna som ett Guds barn

På detta sätt blir du ett med Jesus Kristus till den grad att du blir andlig. Du tar också emot välsignelser som kommer av att du blir ett med Gud i det att du uppnår Guds rättfärdighet.

Jesus lovade oss i Johannes 15:7 att *"Om ni förblir i mig och mina ord förblir i er, så be om vad ni vill, och ni skall få det."* Även i Johannes 17:21 säger Han till oss: *"Jag ber att de alla skall vara ett, och att såsom du, Fader, är i mig och jag i dig, också de skall vara i oss, för att världen skall tro att du har sänt mig."*

Om du på samma sätt är förenad med Herren genom att du har kommit ut ur den här världen som är under djävulens mörka välde, blir du ett med din Fader Gud. Om detta skriver Galaterbrevet 4:4-7 så här:

Men när tiden var fullbordad sände Gud sin Son, född av kvinna och ställd under lagen, för att han skulle friköpa dem som stod under lagen, så att vi skulle få söners rätt. Och eftersom ni är söner, har Gud sänt i våra hjärtan sin Sons Ande som ropar: "Abba! Fader!" Så är du inte längre slav utan son, och är du son är du också arvinge, insatt av Gud.

På det sätt som människor ärver ägodelar från sina föräldrar, ärver du Guds rike när du blir Hans barn genom att acceptera Jesus Kristus. Djävulens barn kommer att ärva helvetet från djävulen och Guds barn kommer att ärva himlen från Gud.

Men du måste komma ihåg att de som inte har gett liv till anden genom den Helige Ande måste gå till helvetet för himlen är en ren plats, uppfylld av endast sanningen och så till den grad som din ande är framgångsrik och blir ett med Gud, kommer du få en härlighetsboning närmare Gud i himlen.

Därför hoppas jag att du kan ta emot välsignelsen evigt liv genom att acceptera Jesus Kristus, din brudgum, och bli ett med Herren Jesus och Gud Fadern genom att göra dig av med all osanning och självrättfärdighet. På detta sätt kan du ge all ära till Gud.

Falska bekännelser leder inte till frälsning

Jesus Kristus blir din sanna brudgum som leder dig till vägen som leder till evigt liv och välsignelser när du blir förenad med Honom genom tro. Om ditt hjärta liknar Jesu Kristi hjärta, din brudgum, och uppnår perfekt tro, kommer du inte bara ärva himmelriket utan också skina som solen där.

När vi noggrant läser Bibeln finner vi somliga människor som hävdar att de tror på Gud inte är frälsta. I Matteus 25 finns det en liknelse om tio jungfrur. Fem visa jungfrur som hade förberett olja var frälsta men de andra fem ovisa jungfrurna kunde inte bli frälsta.

Gud säger också till oss tydligt i Bibeln vem som kan bli frälst och vem som inte kan bli frälst, även om varenda en av dem hävdar att de har tro. Vi kan alltså veta vilket slags liv vi ska leva för att bli frälsta.

Det uttrycks tydligt i Matteus 7:21, *"Inte skall var och en som säger Herre, Herre till mig komma in i himmelriket, utan den som gör min himmelske Faders vilja."* Om du kallar Jesus "Herre, Herre" betyder det att du tror att Jesus är Kristus. Men du kan inte bli frälst genom att bara kalla på Herrens namn och gå till kyrkan på söndagar.

De som gör det onda kan inte blir frälsta

Gud berättar för oss om Domen i Matteus 13:40-42:

> *Som när ogräset samlas ihop och bränns upp i eld, skall det vara vid tidsålderns slut. Människosonen skall sända ut sina änglar, och de skall samla ihop och föra bort ur hans rike alla som blir andra till fall och lever i laglöshet, och de skall kasta dem i den brinnande ugnen. Där skall man gråta och skära tänder.*

När en jordbrukare skördar samlar han in vetet i sin lada och bränner upp agnarna i elden. Gud berättar för oss att Han använder samma straff mot dem som inte är rätt i Hans ögon.

"Alla som blir andra till fall" hänvisar till dem som hävdar att de tror på Gud, men frestar bröder och systrar i tron och får dem att förlora sin tro. Du kan därför inte bli frälst om du blir andra till fall och får dem att synda och göra ont.

Vad är då ondska? 1 Johannes brev 3:4 säger att, *"Var och en som gör synd bryter mot lagen, ty synd är brott mot lagen."*

Varje land har sina egna lagar och förordningar, och i Guds

rike finns det också en andlig lag. Den andliga världens lag är Guds skrivna Ord i Bibeln. Den som bryter mot Guds Ord är fördömd på samma sätt som någon som bryter de mänskliga lagarna blir åtalad i enlighet med lagen. Att bryta mot Guds ord är därför ondska och synd.

Guds lag kan i stort delas in i fyra kategorier: "att göra", "inte göra", "hålla" och "göra sig av med". Eftersom Gud är ljus berättar Han för sina barn att göra det som är rätt, att inte göra det som är fel, hålla/göra sina plikter som Guds barn, och göra sig av med det som Gud avskyr för Han vill ha barn som lever i ljuset.

I Femte Mosebok 10:12-13 nödgar Gud oss, *"Och nu Israel, vad begär HERREN, din Gud, av dig annat än att du fruktar HERREN, din Gud, att du vandrar på alla hans vägar, att du älskar honom och att du tjänar HERREN, din Gud, av hela ditt hjärta och av hela din själ, så att du håller HERRENS bud och hans stadgar, som jag i dag ger dig för att det skall gå dig väl."* Vi kommer antingen att ta emot välsignelser om vi sätter Guds Ord i handling eller ta emot evig död på grund av ondska och synd om vi inte lever efter Hans Ord.

Galaterbrevet 5:19-21 gör oss uppmärksamma på vad köttets gärningar är:

> *Köttets gärningar är uppenbara: de är otukt, orenhet, lösaktighet, avgudadyrkan, svartkonst, fiendskap, kiv, avund, vredesutbrott, gräl, splittringar, villoläror, illvilja, fylleri, utsvävningar och annat sådant. Jag säger er i förväg vad jag redan har sagt: de som lever så skall inte ärva Guds rike.*

"Otukt" betyder all slags sexuell orenhet och att man inte förblir ren, inkluderat att ha sexuella relationer innan ett legalt äktenskap. "Orenhet" betyder ovårdade handlingar bortom sunt förnuft som kommer som ett resultat från den syndfulla naturen. "Lösaktighet" är när man alltid följer sin syndfulla, sexuella omoral och lever med äktenskapsbrott i ord och handling. "Avgudadyrkan" är att tillbe ting gjorda av guld, silver, brons eller någon annan substans, eller när man älskar något mer än Gud.

"Svartkonst" är att locka någon med sluga lögner. "Fiendskap" har att göra med längtan att förgöra andra människor med fiendskap, motsatsen till kärlek. "Kiv" [engelskan säger "strife" = stridigheter, övers. anm.] betyder att man kämpar och söker egna fördelar och eget herravälde. "Avund" är att hata en annan person för att man upplever att han är bättre än en själv. "Vredesutbrott" betyder inte att man bara blir arg, utan vrede, extrem ilska, som gör att man skadar andra i utbrottet.

"Gräl" syftar på att man gör sig en egen grupp eller gren och följer Satans gärningar för att man inte kommer överens med andra. "Splittringar" är att starta en egen grupp och skilja sig från andra i det att man följer sina egna tankar, och inte den Helige Andes tankar. "Villoläror" är att förneka Gud Treenigheten och Jesus kommen i köttet, att Han utgöt sitt blod för att återlösa människor och bli Kristus.

"Illvilja" är att skada eller göra skadliga handlingar mot någon på grund av avundsjuka. "Fylleri" är att dricka alkohol, och med "utsvävningar" menas inte bara att bli drucken, och leva ett njutningslystet liv med avsaknad av kontroll, utan också att misslyckas med att utföra sina plikter på ett ordenligt sätt som make eller maka, eller som förälder.

Sedan tilläggs det "annat sådant" och med det menas att det finns många syndfulla handlingar som liknar de nämnda och de som gör dessa handlingar kommer inte att bli frälst.

Synder som leder till döden och synder som inte gör det

I den här världen anses "synd" vara "synd" när resultatet av den synden blir tydlig och fysisk skada bevisligen har åsamkats den andra parten. Men Gud, som är ljus, berättar för oss att inte bara syndfulla handlingar utan också allt slags mörker som är emot ljuset är synd.

Även fast de inte är synliga eller märkbara, är alla syndfulla lustar i ens hjärta såsom hat, avundsjuka, lusta, dömande attityd, fördömande, hjärtlöshet och oärlighet i sinnet också ondska och synder.

Det är därför Gud säger till oss, *"Var och en som med begär ser på en kvinna har redan begått äktenskapsbrott med henne i sitt hjärta"* (Matteus 5:28), och *"Den som hatar sin broder är en mördare, och ni vet att ingen mördare har evigt liv i sig."* (1 Johannes brev 3:15). Romarbrevet tillägger i 14:23, *"Men den som äter och samtidigt hyser betänkligheter är dömd, eftersom det inte sker av tro. Ty allt som inte sker av tro är synd"*, och Jakobs brev 4:17 säger, *"Den som vet att göra det goda men inte gör det, han syndar."* Därför behöver vi förstå att synd och laglöshet är att inte göra det som Gud vill och befaller.

Men kommer alla att dö om de gör dessa synder? Vi behöver förstå att det är att leva i tro när någon som brukade ljuga, börjar be och försöker att bli en sanningsenlig man. Även om de ännu inte har gjort sig av med all oärlighet i deras hjärtan på grund av deras svaga tro, är det inte sant att de inte kommer att bli frälsta på grund av denna synd.

1 Johannes brev 5:16-17 säger oss, *"Om någon ser sin broder begå en synd som inte är till döds, skall han be, och Gud skall ge liv åt honom, åt dem som inte begår synd till döds. Det finns synd som är till döds, och jag säger inte att man skall be för den. All orättfärdighet är synd, men det finns synd som inte är till döds."*

Synder brukar delas in i två kategorier: de som leder till döden och de som inte leder till döden. De som gör synder som inte leder till döden kan bli frälsta om vi uppmuntrar dem, ber för dem, och hjälper dem att omvända från sina synder. Men om någon begår någon synd som leder till döden kan han inte bli frälst även om vi ber för honom.

Människor som anses ärliga ljuger ibland för sin egen skull, eller gör många svekfulla handlingar även om handlingarna inte skadar andra människor. Du kommer till förståelsen att du var syndare när du inser sanningen, även om du levde ett rättfärdigt liv innan du trodde på Gud. Gud visar dig inte bara synder som syns utan också onda tankar i ditt hjärta, som alla är synd.

Alla förseelser är synder och syndens lön är döden. Men Jesus Kristus har förlåtit dig alla dina synder i det förgångna, i nutid och i framtiden genom att Han utgöt sitt blod på korset. Det finns synder som kan bli förlåtna genom kraften i Jesu blod när du omvänder dig och vänder dig bort från dem. Det finns synder som inte leder till döden.

Om du inte omvänder dig om utan fortsätter att synda, kommer ditt samvete att bli förhärdat. Då kan det hända att du inte kan ta emot anden av omvändelse om du begår en synd som leder till döden.

Låt oss se på de tre sorters synder som leder till döden: hädelse mot den Helige Ande, att återupprepat utsätta Guds Son för offentlig förnedring, och att medvetet fortsätta synda.

Häda mot den Helige Ande

Det finns tre delar i hädelsen mot den Helige Ande. Man hädar mot Anden när man talar emot den Helige Ande, när man står emot den Helige Andes verk och när man förnedrar den Helige Ande.

Därför säger jag er: All synd och hädelse skall människorna få förlåtelse för, men hädelse mot Anden skall inte förlåtas. Den som säger något mot Människosonen skall få förlåtelse. Men den som talar mot den helige Ande skall inte få förlåtelse vare sig i den här tidsåldern eller i den kommande. (Matteus 12:31-32).

Den som säger något mot Människosonen skall få förlåtelse. Men den som hädar den helige Ande skall inte få förlåtelse. (Lukas 12:10).

För det första, att "tala emot andra" är att förtala dem och starkt tala emot deras handlingar. Att *"tala mot den Helige Ande"* är att försöka hindra Guds rikes utbredande genom den Helige Ande genom att göra störande handlingar baserat på ens egen vilja och tankar. Det är till exempel att tala mot den Helige Ande om du står emot Guds verk för att det inte stämmer överens med dina egna tankar, även då det är den Helige Andes verk.

Om du fördömer en Guds tjänare som villolärare när han inte är det, och hindra den Helige Andes verk, det är en fruktansvärd synd inför Gud som inte kan bli förlåten. Därför måste du kunna skilja mellan andar i enlighet med sanningen.

Du måste naturligtvis strängt varna människor och får inte tillåta deras uppförande om de försöker få andra att ta emot onda andar eller om de verkligen är villolärare i Guds ögon. Titus 3:10 säger, *"En villolärare skall du visa ifrån dig, sedan du varnat honom en första och en andra gång."*

Idag finns det många människor som fördömer vissa kyrkor som erkänner Gud Treenigheten med åtföljande gärningar av den Helige Ande, och säger att de är villolärare och till och med förföljer dem på många sätt, eftersom dessa människor inte kan skilja mellan andar. Även fast de hävdar att de tror på Gud, har de inte tillräcklig bibelkunskap när det gäller villoläror. Ibland känner de inte ens till definitionen av villoläror.

I de fall då förföljelse mot andra sker på grund av brist på kunskap kan de bli förlåtna om de omvänder sig och vänder sig bort från sina handlingar. Men om de stör Guds gärningar med onda avsikter och med avundsjuka även då de vet att det är den

Helige Andes verk, kan de aldrig bli förlåtna.

Vi kan hitta exempel på detta i Bibeln. I Markus 3, när Jesus gjorde mäktiga tecken och under, fanns det dem som var avundsjuka på Honom och spred ut ryktet att Han var galen. Ryktet spred sig så vitt och brett att Hans familjemedlemmar som bodde en bra bit därifrån kom för att ta Honom från det offentliga ljuset.

De skriftlärda och fariséerna kritiserade Jesus och sa, *"Och de skriftlärda som hade kommit ner från Jerusalem sade: 'Han är besatt av Beelsebul. Med hjälp av de onda andarnas furste driver han ut de onda andarna.'"* (Markus 3:22). De hade ingående kunskap i Guds Ord. De kunde lagen utan och innan och undervisade den till människor och ändå stod de emot Guds gärningar på grund av deras avundsjuka och svartsjuka mot Jesus.

För det andra, "stå emot den Helige Andes verk" är att trotsa den Helige Andes röst som Gud har givit, eller vara dömande och fördömande mot den Helige Andes verk och att man försöker skada andra människor.

Att tala emot den Helige Ande är till exempel att sprida rykten eller förfalska dokument, eller fördöma en pastor eller församling som "villolärare" där den Helige Andes verk är tydliga, för att störa väckelsemöten eller samlingar.

Vad betyder då detta, "Den som säger något mot Människosonen skall få förlåtelse?" "Människosonen" i den här versen syftar på Jesus som kom som människa, innan Han blev korsfäst på korset.

Att tala emot Människosonen betyder att inte lyda Jesus, att bara erkänna Honom som en person bara för att Han kom i köttet. Oförmåga att känna igen Jesus som Frälsare är resultat som kommer av att man saknar kunskap. I detta fall kommer man att bli förlåten och kan bli frälst bara om man verkligen omvänder sig och accepterar Herren.

Om du därför begår denna sorts synd utan att känna sanningen, eller innan du tar emot den Helige Ande, ger Gud dig en chans att omvända dig och bli förlåten om och om igen.

Men om du medvetet är olydig och står emot Herren fast du vet precis vem Jesus Kristus är, måste du förstå att du aldrig kan bli förlåten för detta för att det är samma sak som att tala emot den Helige Ande och att stå emot den Helige Andes verk.

För det tredje, med ordet hädelse menas också att man vanhedrar och kränker det som är gudomligt, heligt och rent. Hädelse mot den Helige Ande betyder också att man *vanhedrar den Helige Ande,* Guds Ande, och Guds gudomlighet. Det är en synd då man vanhedrar Guds eviga kraft och gudomlighet om man förtalar den Helige Andes gärningar, och säger att det är Satans verk, eller om man insisterar på att något är den Helige Andes verk när det inte är det. Att predika att sanningen är lögn, att hävda att något sant som inte är sant, och att fördöma det som är sant som felaktigt och vilseledande, är allt "hädelse mot den Helige Ande".

Förr i tiden, om någon blev tagen på bar gärning med att säga eller handla hädiskt mot kungen, sågs det som förräderi och han blev dödad.

Om du hädar mot den Guds helighet och gudomlighet, Han som är Allsmäktig och som inte kan jämföras med någon världslig kung, kan du aldrig bli förlåten.

Även Jesus, som i sin natur var Gud och kom till jorden i köttet, fördömde inte någon. Om du fortsätter att fördöma bröder och systrar och vidare vanhedrar de gärningar gjorda av den Helige Ande, vilken fruktansvärd synd det skulle vara! Om du står i fruktan och bävan inför Gud, kommer du aldrig att stå emot, tala emot, eller vanhedra den Helige Ande.

Därför behöver du förstå att dessa synder aldrig kan bli förlåtna, vare sig i denna tidsålder eller i den kommande, och du borde aldrig begå dessa synder. Även om du har begått dessa synder förut, bör du söka Guds nåd och omvända dig av hela ditt hjärta.

Utsätta Guds Son för offentlig förnedring

Att korsfästa Guds Son gång på gång och utsätta Honom för offentlig förnedring, som beskrivet i Hebreerbrevet 6, leder till döden.

Ty de som en gång tagit emot ljuset och smakat den himmelska gåvan, fått del av den helige Ande och smakat det goda Gudsordet och den kommande världens krafter men sedan avfallit, dem är det omöjligt att föra till ny omvändelse, eftersom de själva på nytt korsfäster Guds Son och öppet hånar honom. (Hebreerbrevet 6:4-6).

Somliga människor lämnar församlingen och Gud på grund av frestelser från den här världen och börjar förnedra och håna Gud trots att de har mottagit den Helige Ande, vet att himlen och helvetet finns och tror på sanningens ord. Vi kallar det för att de har begått en synd genom att korsfästa Guds Son om och om igen och att de utsätter Honom för offentligt förnedring. Sådana människor begår inte bara många synder kontrollerade av Satan, utan förnekar också Gud och förföljer och förödmjukar församlingen och de troende.

De har redan lämnat över sina samveten till Satan så deras hjärtan är fulla av mörker.

Därför vill de inte ens omvända sig överhuvudtaget, och omvändelsens ande kommer inte över dem. De har ingen möjlighet att omvända sig och kan därför inte bli förlåtna.

Judas Iskariot begick denna synd. Han var en av Jesu tolv lärjungar. Han blev vittne till många tecken och under, men han blev girig och sålde Jesus för trettio silverpenningar. Senare slogs han av sitt samvete och han fylldes med ånger, men anden av omvändelse kom inte över Judas. Hans synd kunde inte bli förlåten, och slutligen begick han självmord för han var oerhört plågad av sin skuld (Matteus 27:3-5).

Att medvetet fortsätta synda

Den sista synden som leder till döden är att medvetet fortsätta synda efter att man har tagit emot kunskap om sanningen.

Men om vi syndar med vett och vilja sedan vi fått
kunskap om sanningen, finns det inte längre något offer
för synder, utan en fruktansvärd väntan på domen och
en förtärande eld, som skall uppsluka motståndarna.
(Hebreerbrevet 10:26-27).

Att "synda med vett och vilja sedan vi fått kunskap om sanningen" betyder att man upprepar olagliga handlingar som Gud inte förlåter. Det betyder också att fortsätta synda fast man vet att det är en synd precis som *"Det har gått med dem som det så sant heter i ordspråket: En hund vänder om till sina spyor, och ett rentvättat svin vältrar sig i smutsen."* (2 Petrusbrevet 2:22).

Å ena sidan, när David, som älskade Gud så mycket, begick äktenskapsbrott, var det början till många synder och det ledde honom till att mörda en av hans mest lojala soldater. Men när profeten Natan pekade på hans synd, omvände kung David sig direkt.

Men kung Saul å andra sidan, fortsatte att synda även då profeten Samuel hade pekat på hans synder. David omvände sig och tog emot Guds välsignelser, medan Saul blev förkastad för att han inte omvände sig utan fortsatte att synda.

Också Bileam, som var en profet med auktoritet att välsigna och förbanna, fick ett miserabelt slut när han kompromissade med den här världen för att få rikedom och kändisskap.

Å ena sidan börjar den Helige Ande blekna i de hjärtan som syndar medvetet för Gud vänder sin rygg mot dem. Sedan förlorar de tron och gör ondska och fel gärningar kontrollerade av djävulen. Den Helige Ande i dem kommer till sluta att fullständigt försvinna och de kan inte bli frälsa för den kan inte omvända sig och deras namn raderas från Livets Bok (Uppenbarelseboken 3:5).

Å andra sidan finns det människor som fortsätter att medvetet synda för de har lärt känna Gud enbart genom kunskap men de tror inte på Honom i sina hjärtan. Deras synder kan bli förlåtna och de kan ledas in på frälsningens väg när de på riktigt och helhjärtat omvänder sig och får sann tro.

Därför behöver du veta att du inte kommer att bli frälst om du medvetet begår synder och handlar i enlighet med den syndfulla naturen även fast du en gång har blivit upplyst, tror att det finns en himmel och ett helvete, och upplevt Guds oerhörda nåd.

Jag hoppas också att du helt och hållet förstår att alla synder är laglöshet och mörker och att Gud hatar dem, även om några av dem kanske inte leder till döden. Jag ber dig, var en vis troende som inte tillåter eller begår någon enda slags synd.

Människosonens kött och blod

För att kunna fortsätta att leva ett hälsosamt liv, behöver vi äta rätt och dricka sorts mat och dryck. På samma sätt behöver vi, för att kunna hålla vår ande hälsosam och få evigt liv, äta köttet från och dricka blodet från Människosonen.

Nu ska du få lära dig vad Människosonens kött och blod är, och varför du måste äta Hans kött och dricka Hans blod för att få evigt liv, baserat på följande text i Johannes 6:53-55:

> *Jesus svarade: "Amen, amen säger jag er: Om ni inte äter Människosonens kött och dricker hans blod, har ni inte liv i er. Den som äter mitt kött och dricker mitt blod har evigt liv, och jag skall låta honom uppstå på den yttersta dagen."*

Vad är Människosonens kött?

Jesus berättar hemligheter om himlen och Guds vilja för oss i Bibeln genom många liknelser. För människor som lever i denna tredimensionella värld är det väldigt svårt att förstå och ta till sig Guds vilja, som bor i den fjärde dimensionen och utanför den. När Jesus då jämför himmelska ting med icke-levande ting, plantor, djur och livet i denna värld, är det för att hjälpa oss att bättre kunna förstå den gudomliga viljan.

Därför blir Jesus, Guds enfödde Son, jämförd med en klippa och en stjärna, som är icke-dimensionell, med det endimensionella vinet, med det tvådimensionella lammet, och med Människosonen som är tredimensionell.

Jesus kallas Människosonen, så människosonens kött är Jesu kött.

Johannes 1:1 berättar för oss att, *"I begynnelsen var Ordet, och Ordet var hos Gud, och Ordet var Gud."* Johannes 1:14 noterar att, *"Och Ordet blev kött och bodde bland oss, och vi såg hans härlighet, en härlighet som den Enfödde har av Fadern, och han var full av nåd och sanning."*

Jesus är den som kom till den här världen i köttet som Guds Ord. Därför är Människosonen Guds Ord, vilket är sanningen själv, och att äta Människosonens kött är att lära sig Guds Ord i Bibeln.

Hur man äter Människosonens kött

I 2 Mosebok 12:5 och följande verser, porträtteras Jesus som "lammet":

> *Ett felfritt, årsgammalt lamm av hankön skall ni välja ut och ta det antingen från fåren eller getterna. Ni skall förvara det till den fjortonde dagen i denna månad. Då skall hela Israels församlade menighet slakta det i skymningen. Och man skall ta av blodet och stryka det på båda dörrposterna och på övre dörrträet i husen där man äter det.*

Generellt tror många troende att "lammet" syftar på nya troende, men när vi studerar Bibeln noggrant ser vi att lammet är en symbol för Jesus.

Johannes Döparen såg Jesus komma emot sig och sa i Johannes 1:29, *"Nästa dag såg han Jesus komma, och han sade 'Se Guds lamm, som tar bort världens synd.'"* Aposteln Petrus refererar också till Jesus som ett lamm i 1 Petrusbrevet 1:19, *"utan med Kristi dyrbara blod, som med blodet av ett lamm utan fel och lyte."* Förutom dessa finns det många andra uttryck som jämför Jesus med ett lamm.

Varför jämför Bibeln Jesus med ett lamm? Ett lamm är det mildaste och det mest lydiga av alla boskapsdjur. Det känner iden sin herdes röst och lyder honom. Ingen kan lura lammet även om människor försöker imitera herdens röst. Det ger vit och mjuk ull, mjölk, kött och alla delar av dess kropp till människor.

Precis som ett lamm offrar allt för mänskligheten, lydde Jesus Guds perfekta vilja och offrade allt för oss.

Jesus kom till den här jorden i köttet fast Han i sin natur var Gud, predikade evangeliet om himlen, botade många sjukdomar och svagheter, och blev korsfäst. Jesus gav upp allt för att återlösa oss från våra synder.

Jesus jämförs med ett lamm för att Hans karaktärsdrag och handlingar liknar ett milt lamm, och att äta ett lamm symboliserar att äta Jesu kropp, nämligen Människosonens kött.

Hur bör du då äta Människosonens kött? Låt oss se i 2 Mosebok 12:9-10 som ger följande instruktioner:

> *Ni skall inte äta något av det rått eller kokt i vatten, utan det skall vara stekt över eld med huvud, fötter och innanmäte. Ni skall inte lämna kvar något av köttet till morgonen. Om något av det skulle bli över till morgonen, skall ni bränna upp det i eld.*

För det första ska du inte äta Guds Ord rått

Vad menas med att äta Människosonens kött rått?
Generellt sett är det inte bra att äta rått kött. Om man äter

rått kött kan man bli smittad med virus eller bakterier och bli sjuk. På samma sätt säger Gud till oss att inte äta Guds Ord rått för det är skadligt.

Guds Ord är skrivet genom inspiration från den Helige Ande, så vi måste läsa det och göra det till vår mat genom den Helige Andes inspiration.

Vad händer om vi tolkar Guds Ord bokstavligt? Vi kommer förmodligen att missförstå Guds intentioner. Att därför äta "Guds Ord rått" betyder att tolka Bibeln bokstavligen.

Som Johannes 1:1 säger *"Ordet var Gud"* så innehåller Bibeln Guds hjärta och vilja och allting blir uppnått i enlighet med detta Ord.

Guds Ord säger till oss hur vi kan komma till himlen. Vi måste förstå att Guds Ord helt och fullt för att kunna få evigt liv. En människa efter köttet kan inte se eller förstå den andliga världen.

Det är som en cikada [gräshoppa, övers. amn.] som inte vet att det finns en himmel när den bökar och gräver i jorden. Det är som en kyckling inuti som inte känner till världen utanför ägget. Det är som en baby som inte vet något om världen utanför när han fortfarande är i sin mammas livmoder.

Så länge du är i denna köttsliga värld, vet du ingenting om den andliga världen.

Gud säger till dig att det finns en annan värld bortom denna tredimensionella värld. Precis som en ofödd kyckling måste bryta igenom sitt skal, måste du också bryta igenom dina egna köttliga tankar för att kunna förstå och komma in i den andliga världen.

I Matteus 6:6 står det till exempel, *"Nej, när du ber, gå in i din kammare och stäng din dörr och be till din Fader i det fördolda. Då skall din Fader, som ser i det fördolda, belöna dig."* Om vi skulle tolka den här versen bokstavligen, skulle vi alltid behöva se till att vi ber på våra rum. Men vi kan inte finna några föregångare i tron som bad på sina rum i hemlighet.

Jesus bad inte i sitt rum utan Han bad hela natten uppe på berget (Lukas 6:12), och på en enslig plats tidigt på morgonen (Markus 1:35).

Daniel brukade också be, tre gånger om dagen, med fönstret öppet mot Jerusalem (Daniel 6:10) och aposteln Petrus bad på taket (Apostlagärningarna 10:9).

Vad betyder det då när Jesus säger, "Gå in i din kammare och stäng din dörr och be?"

Här syftar ordet "kammare" andligt sett på en persons hjärta. Att då gå in i din kammare betyder att gå förbi dina tankar och gå ner i det djupaste av ditt hjärta, precis som du går förbi vardagsrummet eller sovrummet för att komma in i en kammare. Bara då kan du be av hela ditt hjärta.

När du går in i det innersta rummet, kammaren, är du isolerad från utsidan. När du ber, behöver du alltså blockera alla onödiga tankar, oro och bekymmer och be med hela ditt hjärta.

Du ska alltså inte äta Människosonens kött rått. Du ska inte tolka Guds Ord bokstavligt. Du ska istället tolka Guds Ord andligen genom den Helige Andes inspiration.

För det andra, ät inte Guds Ord kokat i vatten

Vad betyder det att "inte äta köttet kokat i vatten?" Det betyder att vi inte ska lägga till något till Guds Ord utan äta det som det är.

Det är inte rätt att predika Guds Ord och blanda det med politik, berättelser från samhället, eller att använda det tillsammans med ordspråk från berömda eller historiska individer.

Gud, som skapade himlarna och jorden och som kontrollerar mänsklighetens liv och död, välsignelser och förbannelser, saknar ingenting.

1 Korinterbrevet 1:25 säger, *"Ty Guds dårskap är visare än människor, och Guds svaghet är starkare än människor."* Det står där för att få oss att förstå att även den visaste och den högste personen inte kan jämföras med Gud.

Du kommer inte att kunna predika allt som står i Bibeln under din livstid. Så hur vågar du då blanda människors ord med Guds Ord när du ger ut budskap?

Människors ord förändras allt eftersom tiden går. Även om det finns sanning i dem, har de redan blivit sagda i Bibeln och de är sagda med Guds visdom.

Därför ska du först av allt prioritera Guds rena Ord i bibelundervisning. Du kan självklart lägga till liknelser eller illustrationer för att lättare få människor att förstå Guds ord och hemligheterna med den andliga världen.

Du behöver förstå att bara Guds Ord är evigt och perfekt och den fullständiga sanningen som leder dig till evigt liv. Därför ska du inte äta Hans Ord kokt i vatten.

För det tredje, du måste äta Guds Ord stekt över elden

Vad menas det med att det ska *"vara stekt över eld med huvud, fötter och innanmäte"* (2 Mosebok 12:9)? Det betyder att vi ska göra Guds Ord, Människosonens kött till vår andliga mat utan att utelämna något alls.

En del människor tvivlar på det faktum att Mose delade Röda Havet. En del människor vill inte ens läsa 3 Mosebok därför att alla offer i det Gamla Testamentet är svåra att förstå. Andra säger att de mirakler som Jesus utförde är svåra att tro på och tror att dessa mirakler bara kunde ske för 2,000 år sedan. De utelämnar mycket för att det inte passar in i det mänskliga tänkandet och försöker att endast dra ut moraliska lärdomar.

De bryr sig inte ens om att komma ihåg sådana ord som "Älska dina fiender", eller "Håll dig borta från all slags ondska" för dessa ord verkar för svåra för dem att lyda. Kommer det att bli möjligt för dem att bli frälsta?

Du ska därför inte bara ta det du själv vill ha från Bibeln som dåraktiga människor gör. Du ska äta alla ord i Bibeln, stekta över elden från 1 Mosebok till Uppenbarelseboken.

Vad betyder det att Guds Ord ska ätas "stekt över elden"? Elden representerar den Helige Andes eld. Vi behöver vara fyllda och inspirerade av den Helige Ande när vi läser och hör Guds Ord för det är skrivet genom inspirationen från Den Helige Ande. Annars blir det bara huvudkunskap, inte någon andlig föda.

För att kunna äta Guds Ord stekt över elden, behöver du be ivrigt. Bön tjänar som olja för att bli källan för fullheten av den

Helige Ande. Om du äter Guds Ord genom den Helige Andes inspiration, kommer det vara sötare än honung. Du kommer inte heller bli uttråkad även om predikan är väldigt lång, för den är dyrbar och du älskar att höra Guds Ord som en törstig hjort som längtar efter vattenbäckar.

Det är så man äter Guds Ord, stekt över elden. Det är bara på detta sätt du kan komma att förstå Guds Ord, få det att bli ditt andliga kött och blod, och förstå och följa Guds vilja. Det är så du låter den Helige Ande ge liv till anden, får din tro att växa, och återfå den förlorade likheten med Gud, genom att göra hela din plikt som människa.

Men de som äter Guds Ord med sina egna tankar, utan att steka det över elden kommer att uppleva att Guds Ord är tråkigt, och de kan inte komma ihåg det för de lyssnar på det med lata sinnen. De kan inte heller växa andligt eller få sant liv.

För det fjärde ska du inte lämna kvar något av Guds Ord till morgonen

Vad menas det med "lämna inte kvar något av köttet till morgonen. Om något av det skulle bli över till morgonen, skall ni bränna upp det i eld"?

Det betyder att vi ska äta Människosonens kött, Guds Ord, under natten. Den värld som vi lever i just nu är en mörk värld kontrollerad av djävulen och det kan andligt uttryckas som natt eller nattetid. När vår Herre kommer tillbaka, kommer allt mörker försvinna och allting ska bli uppenbarat; det kommer att bli morgon, världens ljus.

Att därför "inte lämna kvar något till morgonen" betyder att du ska lära dig Guds Ord för att förbereda dig själv som vår Herres brud innan Han återkommer.

Oavsett om Herrens återkomst är nära eller inte, kommer du endast att leva 70 eller 80 år, och du vet inte när du kommer att möta Herren. Tills du möter Honom växer du andligt genom att du äter och dricker Människosonens blod. Så du ska noggrant läsa Guds Ord och växa andligt.

Om du har förfädernas tro genom att konstant utöka din andes tillväxt, kommer du ta emot en härlighet som den skinande solen nära Guds tron i Hans rike för att du känner Gud som är från början, kultivera den Helige Andes nio frukter och Saligprisningarna, och formas till Hans likhet.

Att dricka Människosonens blod

För att kunna förbli vid liv måste vi dricka vatten när vi äter mat. Om vi inte dricker vatten kan inte kroppen tillgodogöra sig maten och vi kommer att dö. När maten kommer ner i magen, blandat med vatten, blir allt tillgodosett, alla näringsämnen absorberade och slaggprodukterna avsöndras.

När du på samma sätt äter Människosonens kött, om du inte dricker Människosonens blod kan köttet inte bli tillgodosett. Du kan därför få evigt liv bara genom att äta Människosonens kött tillsammans med att dricka Människosonens blod.

"Dricka Människosonens blod" är att sätta Guds Ord i handling genom tron. När du har lyssnat till Guds Ord är det väldigt viktigt att agera i enlighet med Ordet, och detta är tro.

Om du inte handlar efter Guds Ord efter du har lyssnat på det och kan det, är det värdelöst att lyssna på.

På det sätt näringsämnena blir absorberade och slaggprodukterna avsöndrade när matsmältningen pågår, blir Guds Ord, sanningen, absorberad och osanningen utsöndrad när du handlar efter Guds Ord för att rena ditt orena hjärta.

Vad är då "absorberad sanning" och "avsöndrad osanning"? Låt oss säga att du har lyssnat på Guds Ord, "Hata inte varandra, utan älska varandra". Om du då låter det bli din mat och handlar efter det, kommer näringsämnet "kärlek" bli absorberat och slaggprodukterna "hat" blir utsöndrat. Ditt hjärta kommer automatiskt att bli renare och mer sanningsfullt genom att de smutsiga och orena tankarna utsöndras.

Handla efter Guds Ord efter att ha lyssnat på det

Men när du inte handlar efter Guds Ord, dricker du inte Människosonens blod. Guds Ord blir då bara en bit huvudkunskap och du kan inte bli frälst om du inte handlar i enlighet med det.

Att dricka Människosonens blod, handla efter Guds Ord, kan inte utföras endast av mänsklig kraft. Du behöver ha viljan och bemöda dig om att handla i enlighet med Hans Ord, och sedan ta emot Guds nåd, kraft, och hjälp från den Helige Ande genom ivrig bön.

Om du hade kunnat bli av med synden genom dina egna ansträngningar hade inte Jesus behöver korsfästas, och Gud hade inte behövt sända den Helige Ande.

Jesus Kristus blev korsfäst för att förlåta dig dina synder för att du inte själv kan lösa syndens problem, och Gud har sänt den Helige Ande för att hjälpa dig att förändra ditt smutsiga hjärta till ett rent hjärta.

Den Helige Ande, Guds Ande, hjälper Guds barn att leva efter sanningen och rättfärdigheten. Med den Helige Andes hjälp kan Guds barn därför leva i enlighet med Guds Ord och bli av med sina synder och ta emot Guds kärlek och välsignelse.

Förlåtelse endast genom att vandra i ljuset

Om du säger att du äter och dricker Människosonens blod, betyder att du handlar ljuset i enlighet med Guds Ord. Vilka handlingar ska du då göra? Du måste uppföra dig i ljuset. Du lämnar mörkret och handlar i ljuset när du äter Människosonens kött, tillgodogör dig det och gör ditt hjärta äkta. När du handlar i ljuset, renar Herrens blod dig från dina synder i det förgångna, i nutid och i framtiden.

Även om du har synder som ännu är kvar, kommer de att bli förlåtna av Guds nåd när du omvänder dig av hela ditt hjärta. De som verkligen tror på Gud och försöker uppnå rättfärdighet i sina hjärtan är inte längre syndare utan rättfärdiga människor, och de kan bli frälsta och få det eviga livet.

Gud är ljus

1 Johannes 1:5 säger att, *"Detta är det budskap som vi har*

hört från honom och som vi förkunnar för er, att Gud är ljus och att inget mörker finns i honom."

Aposteln Johannes, som skrev 1 Johannes brev, blev undervisad direkt av Jesus, som hade kommit till den här världen och blivit världens ljus och vägen till Gud.

Det står därför om Jesus i Johannes 1:4-5, *"I honom var liv, och livet var människornas ljus. Och ljuset lyser i mörkret, och mörkret har inte övervunnit det."* Jesus deklarerade om sig själv, *"Jag är vägen och sanningen och livet. Ingen kommer till Fadern utom genom mig."* (Johannes 14:6).

Jesu lärjungar vittnade därför om det faktum att "Gud är ljus" genom Jesus, och det budskap de deklarerar för oss är att "Gud är ljus".

Ljus betyder andligt sett sanning

Vad är då "ljus"? Andligt sett betyder det sanning och sanning är motsats till mörker.

Gud säger i Efesierbrevet 5:8, *"Ni var en gång mörker, men nu är ni ljus i Herren. Vandra då som ljusets barn."* Den som lyssnar till budskapet att "Gud är ljus" och lär känna sanningen från Gud kan skina och lysa i den här världen, på det sätt som ljus driver iväg mörker.

Ljusets barn som handlar i enlighet med sanningen bär ljusets frukt. Därför står det i Efesierbrevet 5:9, *"Ty ljusets frukt består i allt vad godhet, rättfärdighet och sanning heter."* Den andliga kärleken beskriven i 1 Korinterbrevet 13 och den Helige Andes frukter som kärlek, glädje, frid, tålamod, vänlighet, godhet, trohet, mildhet och självbehärskning är ljusets frukter.

Ordet ljus syftar därför på alla ord om godhet, rättfärdighet, och kärlek som att "älska varandra", "be", "håll sabbaten", "håll de 10 budorden", som Gud säger oss i Bibeln.

Mörker betyder andligt sett synd

Mörker avser tillståndet där det inte finns något ljus och det betyder andligt sett synd.

Allt som är osant, motsatsen till sanningen, är sådant som är nedskrivet i Romarbrevet 1:28-29, *"Och eftersom de inte ansåg det vara något värt att ha kunskap om Gud, utlämnade Gud dem åt ett ovärdigt sinnelag, så att de gjorde sådant som är mot naturen. De har blivit uppfyllda av allt slags orättfärdighet, ondska, girighet och elakhet, de är fulla av avund, mordlust, stridslystnad, svek och illvilja."* Allt detta är mörker.

Bibeln säger till oss att göra oss av med allt som hör till mörkret som till exempel stöld, mord, äktenskapsbrott, och all slags ondska.

Å ena sidan hävdar somliga att de är Guds barn, även då de inte lyder det Gud säger till dem att göra utan gör det som Gud säger till dem att inte göra eller att göra sig av med. Mörkret är kontrollerat av fienden djävulen och Satan och det tillhör den här världen, så det kan inte förenas med ljuset. Det är därför de som vandrar i mörkret hatar ljuset och lever långt borta från det.

Å andra sidan, de sanna barnen till Gud, som är ljus och i vilken inget mörker finns, borde göra sig av med mörkret och vandrar i ljuset. Bara då kan vi kommunicera med Gud och allt kommer att gå bra i våra liv.

Bevis på att vara i gemenskap med Gud

Vanligtvis finns det en nära gemenskap baserat på kärlek mellan föräldrar och deras barn. På samma sätt är det självklart för oss – som tror på Jesus Kristus – att ha gemenskap med Gud som är vår andes Fader (1 Johannes 1:3).

Gemenskap här menas inte bara att känna varandra, utan att båda två känner varandra väl. Man kan inte säga att man har en relation med presidenten även fast man känner till väldigt mycket om honom. Det är på samma sätt med din relation med Gud. För att kunna ha en äkta gemenskap med Gud, behöver du känna Honom lika väl som Han känner och vet vem du är.

1 Johannes 1:6-7 säger, *"Om vi säger att vi har gemenskap med honom och vandrar i mörkret, så ljuger vi och handlar inte efter sanningen. Men om vi vandrar i ljuset, liksom han är i ljuset, så har vi gemenskap med varandra, och Jesu, hans Sons, blod renar oss från all synd."*

Detta betyder att du har gemenskap med Gud endast om du gör dig av med synder och vandrar i ljuset. Om du säger att du har gemenskap med Gud medan du fortfarande handlar och lever i mörkret, så är det en lögn.

Att ha en gemenskap med Gud innebär att man har en andlig och ärlig gemenskap och inte en ogudaktig relation där man känner Honom enbart genom huvudkunskap. Du själv måste bli ljus för att kunna ha gemenskap med Gud för Han är ljus. Den Helige Ande, Guds hjärta, undervisar dig klart och tydligt om

Guds vilja till den grad att du håller dig till sanningen så att du kan ha en djupare kommunikation med Gud när du läser Guds Ord och ber.

Om du vandrar i mörkret

Man ljuger om man hävdar att man har en gemenskap med Gud men vandrar i mörkret och begår synder. Det är inte att vandra i sanningen och till sist kommer man att gå dödens väg.

I 1 Samuelsboken 2 handlade prästen Elis söner ont och begick synder. Eli borde ha straffat dem men istället varnade han bara dem, "Varför gör ni så? Ni borde inte göra så."

Mot slutet kom Guds vrede över dem. Prästen Elis två söner dog i en strid och Eli föll baklänges från sin stol vid porten, och bröt sin nacke och han dog. Guds vrede föll också över hans efterkommande (1 Samuelsboken 2:27-36, 4:11-22).

Därför står det i Efesierbrevet 5:11-13, *"Ha inget att göra med mörkrets ofruktbara gärningar utan avslöja dem i stället. Vad sådana människor gör i hemlighet är skamligt till och med att nämna. Men allt kommer i dagen, när det uppenbaras av ljuset."*

Om det finns någon som hävdar att han har en gemenskap med Gud men inte vandrar i ljuset, borde du ge honom råd i kärlek. Om han ändå inte kommer till ljuset, måste du gräla på honom för att leda honom till ljuset så att han inte kommer att gå dödens väg.

Förlåtelse genom att vandra i ljuset

Det finns en lag i den här världen och när någon överträder den blir han straffad i enlighet med handlingens grovhet. Men personen kan inte hjälpa att han känner sig skyldig då att skadan redan har skett, även om han har betalat för det han gjorde och blev straffad.

På samma sätt har du fortfarande kvar den syndfulla naturen i ditt hjärta även om du har accepterat Jesus Kristus, har dina synder förlåtna och har blivit rättfärdiggjord. Därför befaller Gud dig att omskära ditt hjärta så att du inte känner skuld ens i ditt samvete.

Som det står i Jeremia 4:4, *"Omskär er för HERREN, avlägsna ert hjärtas förhud, ni Juda män och ni Jerusalems invånare. Annars skall min vrede bryta fram som en eld för era onda gärningars skull, och den skall brinna så att ingen kan släcka den"*, betyder hjärtats omskärelse att man avlägsnar sitt hjärtas förhud.

Att avlägsna hjärtats förhud betyder att följa det Gud säger i Bibeln som till exempel, "Gör", "Gör inte", "Håll", eller "Gör dig av med". Med andra ord, det betyder att driva bort allt som är emot Guds Ord som osanning, ondska, orättfärdighet, laglöshet, och mörker, att rena era hjärtan och fylla dem med sanningen.

Därför måste du noggrant göra Guds Ord till din mat, absorbera alla näringsämnena genom att handla efter det, och avsöndra slaggprodukter som ondska och osanning som tillhör mörkret. När du omskär ditt hjärta, kan du växa upp andligt.

När du blir en andlig och ärlig människa som utsöndrar

synden och ondska som slaggprodukter, har du gemenskap med Gud. Då kan Jesu Kristi blod rena dig från dina synder eftersom du har denna gemenskap.

Därför ska du inte bara acceptera Jesus Kristus och bli rättfärdiggjord, utan också förändras till att bli en rättfärdig människan genom att äta och dricka Människosonens kött och blod, och omskära ditt hjärta.

Tro genom handling är sann tro

Till ens förvåning kan man träffa människor som inte förstår innebörden av tro. Somliga säger, "Varför går du inte bara till kyrkan? Du kan bli frälst ändå."

Om man lyssnar till Guds ord och känner det, men inte handlar i enlighet med det, blir det bara tro som huvudkunskap, inte sann tro. På detta sätt kan man inte bli frälst. Vad är det för tro som Gud erkänner? Hur kan man bli frälst genom tro?

Sann omvändelse kräver att man vänder om från synderna

1 Johannes 1:8-9 säger att, *"Om vi säger att vi inte har synd, bedrar vi oss själva och sanningen finns inte i oss. Om vi bekänner våra synder, är han trofast och rättfärdig, så att han förlåter oss våra synder och renar oss från all orättfärdighet."*

Vad är det då att bekänna sina synder?

Låt oss anta att Gud säger till dig, "Att gå österut är vägen till evigt liv och min vilja, så gå österut". Om du då skulle gå västerut och säga "Gud, jag borde gå österut, men jag går västerut, så var snäll och förlåt mig", så är det inte en bekännelse. Det är att inte tro på Gud eller att frukta Honom, utan snarare att håna Honom. Sann omvändelse görs inte bara genom din bekännelse från dina läppar utan också genom att du vänder dig bort från dina synder helt och hållet i dina gärningar. Bara då kan Gud ta emot det som en omvändelse och ge dig förlåtelse.

På samma sätt som att du dör om du inte äter mat, trots att du vet att du borde göra det för att förbli vid liv, blir du inte renad genom Herrens blod om du bara bekänner dina synder med dina läppar utan att vända dig bort ifrån dem.

Tro utan gärningar är död tro

I Jakobs brev 2:22 står det, *"Du ser att hans tro samverkade med hans gärningar och att det var genom gärningarna som tron blev fullbordad."* Vers 26 säger vidare: *"Liksom kroppen utan ande är död, så är tron utan gärningar död."*

Många människor går till kyrkan för att de har hört att det finns en himmel och ett helvete. Men eftersom många inte riktigt förstår att de behöver tro detta i deras hjärtan, efterföljs det inte av gärningar.

Det är bara tro som huvudkunskap och död tro.

Om du också bekänner med dina läppar att du tror medan du fortfarande lever i synd, hur kan du säga att du har tro då? Bibeln säger dig att medveten synd är värre än omedveten synd.

När du bekänner, "Jag tror", utan handlingar, kanske du tror att du har tro men Gud ser inte detta som sann tro.

Israeliterna som kom ut från Egypten upplevde många Guds under. Gud delade Röda Havet, gav dem manna och vaktlar, och beskyddade dem med en molnpelare på dagen och en rökpelare på natten.

Men när Gud befallde dem att spionera på Kanaans land, var det bara Josua och Kaleb som trodde på Guds ord och kraft. Som ett resultat fick de israeliter som inte lydde Gud på grund av deras svaga tro, 40 års prövning i vildmarken och dog slutligen.

Du behöver förstå att det är värdelöst att se och uppleva aldrig så många tecken och under från Gud om du inte tror eller handlar i enlighet med Guds ord. Tro fullbordas genom gärningar.

Bara dem som håller lagen blir rättfärdiggjorda

Gud säger oss i Romarbrevet 2:13 att *"Det är inte lagens hörare som blir rättfärdiga inför Gud, utan lagens görare skall förklaras rättfärdiga."*

Du är inte rättfärdig bara för att du går på möten och hör budskapen. Du blir bara rättfärdig när ditt osanna hjärta förändras till att bli ett sant hjärta genom att handla i enlighet med Guds Ord.

Somliga säger att man kan bli frälst bara genom att kalla Jesus Kristus "Herre" med ens läppar men de missförstår då Romarbrevet 10:13, *"Ty var och en som åkallar Herrens namn skall bli frälst."* För detta är helt felaktigt. Som det står i Jesaja 34:16, *"Sök i Herrens bok, läs och se efter: ingen av dem har uteblivit, ingen enda saknas. Ty Herren själv har så befallt, hans ande för dem samman.*" (Bibel 2000). Guds Ord måste tolkas med Guds Ord.

Romarbrevet 10:9-10 säger, *"Om du därför med din mun bekänner att Jesus är Herren och i ditt hjärta tror att Gud har uppväckt honom från de döda, skall du bli frälst. Ty med hjärtat tror man och blir rättfärdig, med munnen bekänner man och blir frälst."*

Bara dem som verkligen tror i sina hjärtan att Jesus uppstod kan sanningsenligt bekänna detta med sina läppar för de lever i enlighet med Guds Ord. De kommer att bli frälsta när de bekänner sin sanna tro och blir rättfärdiga, men de som inte bekänner med denna tro kan inte bli frälsta.

Det är därför som Jesus säger i Matteus 13:49-50, *"Så skall det vara vid tidsålderns slut. Änglarna skall gå ut och skilja de onda från de rättfärdiga och kasta dem i den brinnande ugnen. Där skall man gråta och skära tänder."*

Här betyder "de rättfärdiga" alla dem som erkänner Gud och som säger att de har tro. Att "skilja de onda från de rättfärdiga" betyder att de som inte lever i enlighet med Guds Ord inte kan bli frälsta även om de går till kyrkan och lever kristna liv.

Gud vill verkligen att hjärtat ska omskäras

Gud vill att Hans barn ska bli heliga och fullkomliga. Det är därför Han säger till oss i 1 Petrusbrevet 1:15 *"Ni skall vara heliga, ty jag är helig"* och i Matteus 5:48, *"Var alltså fullkomliga, såsom er Fader i himlen är fullkomlig."*

Under Gamla Testamentets tid blev människor frälsta genom

gärningar för att representera det som skulle komma, men i Nya Testamentets tid, när Jesus Kristus har uppfyllt lagen genom kärlek, blir vi frälsta genom tro.

"Att bli frälst genom laggärningar" betyder att även om du till exempel har ett orent hjärta och har tankar om att mörda, hata, begå äktenskapsbrott och så vidare, så räknas det inte som synd så länge det inte blivit satt i handling.

Gud fördömde inte människor så länge de inte gjorde onda gärningar för de kunde inte göra sig av med sina synder genom egen kraft utan den Helige Ande under Gamla Testamentets tid. Men nu i Nya Testamentets tid blir vi bara frälsta när vi omskär våra hjärtan i tro med hjälpen av den Helige Ande, för den Helige Ande har kommit till oss. Den Helige Ande gör oss varse om skillnaden mellan synd och rättfärdighet och om domen, och hjälper oss att leva i enlighet med Guds Ord. Vi kan därför göra oss av med osanning och omskära våra hjärtan med den Helige Andes hjälp.

Du behöver förstå att Gud verkligen vill att du ska omskära ditt hjärta, göra dig av med synderna, bli helig och få del av gudomlig natur. Aposteln Paulus visste Guds vilja och undervisade om betydelsen av hjärtats omskärelse, inte den fysiska (Romarbrevet 2:28-29). Han gav rådet att kämpa mot synden, ända till blods, med dina ögon fästa på Jesus, trons fullkomnare (Hebreerbrevet 12:1-4).

Jag hoppas att du kan få sann tro som efterföljs av gärningar och att du förstår att du inte kan komma in i himlen bara genom att ropa "Herre, Herre", utan endast genom att vandra i ljuset och omskära ditt hjärta.

Kapitel 9

ATT BLI FÖDD AV VATTEN OCH ANDE

- Nikodemus kommer till Jesus
- Jesus hjälper Nikodemus till
  andlig förståelse
- När man blir född av vatten och Ande
- Tre vittnen: Anden,
  vattnet och blodet

Bland fariseerna fanns en man som hette Nikodemus, en av judarnas rådsherrar. Han kom till Jesus om natten och sade: "Rabbi, vi vet att det är från Gud du har kommit som lärare, ty ingen kan göra sådana tecken som du gör, om inte Gud är med honom." Jesus svarade: "Amen, amen säger jag dig: Den som inte blir född på nytt kan inte se Guds rike." Nikodemus sade: "Hur kan en människa födas när hon är gammal? Inte kan hon väl komma in i moderlivet och födas en gång till?" Jesus svarade: "Amen, amen säger jag dig: Den som inte blir född av vatten och Ande kan inte komma in i Guds rike."

Johannes 3:1-5

Gud sände Jesus Kristus, sin ende Son, och öppnade vägen för frälsning. Den som accepterar Honom tar emot rätten att bli ett Guds barn och åtnjuter ett välsignat och evigt liv nu och för evigt. Men ändå ser vi många människor idag som inte känner frälsningsvisshet trots att de har tagit emot Jesus Kristus. Somliga människor hävdar också att de har tagit emot frälsning men saknar tro för att bli frälsta, och andra hävdar att de är frälsta för att de en gång tagit emot den Helige Ande men de bryr sig inte om hur de lever efter det.

För att nu sammanfatta budskapet om korset, låt oss vara tydliga i hur man når perfekt frälsning från den stunden vi tar emot Jesus Kristus, genom berättelsen om Nikodemus.

Nikodemus kommer till Jesus

På Jesu tid hade fariséerna höga tankar om Mose lag, och de höll de äldstes traditioner. De var religiösa ledare bland de utvalda israeliterna som trodde på Guds suveränitet, återuppståndelse, änglar, den slutliga domen och att Messias skulle komma.

Ändå tillrättavisade Jesus dem och sa "Ve er, fariséer". Hycklare som de var verkade de heliga på utsidan, men insidan var full av girighet och njutningslystnad, som vitmålade gravar (Matteus 23:25-36).

Nikodemus hade ett gott hjärta

Nikodemus var en av fariséerna som tillhörde det judiska Stora Rådet. Men han förföljde inte Jesus som de andra fariséerna gjorde. Istället trodde han att Jesus hade kommit från Gud, i det att han såg de tecken och under som Jesus gjorde. Nikodemus ville veta vem Jesus var för han hade ett gott hjärta.

I Johannes 7:51 försvarar Nikodemus Jesus när fariséerna vill gripa Honom på följande sätt, *"Inte dömer väl vår lag någon utan att man först hör honom och tar reda på vad han har gjort?"*

Det kunde inte ha varit lätt att som rådsherre i Stora Rådet tala på det sättet. Även om en regering gör kristendomen olaglig eller ser ner på den genom lagarna, kan officiella personer inte stå på kristendomens sida. På samma sätt ansågs det av alla israeliter att alla religioner förutom judendomen var falsk. Nikodemus visste att han skulle kunna bli utesluten om han stod på Jesu sida.

Ändå försvarade Nikodemus Jesus. Det bevisar att han var sanningsenlig och att han stod fast i tron på Jesus.

Johannes 19:39-40 målar upp en scen direkt efter Jesu död på korset:

Även Nikodemus kom dit, han som första gången hade kommit till Jesus om natten. Han hade med sig en blandning av myrra och aloe, omkring hundra pund. De tog Jesu kropp och lindade den med linnebindlar tillsammans med de välluktande salvorna, enligt begravningsseden bland judarna.

Nikodemus trodde att Jesus var en gudsman, tjänade Jesus med ett oförändrat hjärta även efter Hans korsfästelse, och vann frälsning genom sin tro på Hans återuppståndelse.

Nikodemus kommer till Jesus

I Johannes 3 finner vi en dialog mellan Jesus och Nikodemus innan han förstod sanningen i sin ande.

En natt kom Nikodemus till Jesus och sa, *"Han kom till Jesus om natten och sade: 'Rabbi, vi vet att det är från Gud du har kommit som lärare, ty ingen kan göra sådana tecken som du gör, om inte Gud är med honom.'"* (v.2).

Till att börja med visste inte Nikodemus att Jesus var Messias och Guds Son. Men efter att han hade blivit vittne till Jesu mirakler insåg Nikodemus det och deklarerade att Jesus var en gudsman eftersom han hade ett gott samvete. Genom hans goda samvete visste han att bara Gud den Allsmäktige kunde uppväcka döda, ge syn till de blinda, göra så att lama går, och att spetälska blir botade.

Varför kom han då till Jesus om natten? Han var som de människor som inte öppet vill gå till kyrkan för de saknar tillit till Gud Skaparen.

Även fast Nikodemus hade ett gott hjärta, hade han inte sann tro. Han kände inte tillit till att Jesus var Guds Son och Messias, så han besökte inte Jesus öppet på dagtid – utan han kom nattetid.

Jesus hjälper Nikodemus till andlig förståelse

Jesus sa till Nikodemus, *"Amen, amen säger jag dig: Den som inte blir född på nytt kan inte se Guds rike."* (Johannes 3:3).

Men Nikodemus kunde inte förstå allt detta så han frågade igen, "Hur kan en människa födas när hon är gammal"? Han hade inte andlig tro så han undrade, "En gammal man dör och återvänder till stoft, hur kan han då bli född på nytt"?

Då talade Jesus till honom om att bli född av vatten och av Anden: *"Amen, amen säger jag dig: Den som inte blir född av vatten och Ande kan inte komma in i Guds rike. Det som är fött av köttet är kött, och det som är fött av Anden är ande."* (Johannes 3:5-6).

När Nikodemus blev nyfiken på vad Jesus sa förklarade Jesus det i en liknelse: *"Vinden blåser vart den vill, och du hör dess sus, men du vet inte varifrån den kommer eller vart den far. Så är det med var och en som är född av Anden."* (Johannes 3:8).

Efter Adams olydnad dog varje människas ande och varenda en var därefter förutbestämda till att dö. Men en människas ande blir återupplivad efter att den har blivit född av den Helige Ande. När han blir andlig upprättas han till Guds avbild och blir frälst. Ändå kunde inte Nikodemus förstå vad Jesus menade (Johannes 3:9), så han frågade *"Hur kan det ske"?* Jesus svarade:

> *Om ni inte tror när jag talar till er om det som hör jorden till, hur skall ni då kunna tro, när jag talar till er om det som hör himlen till? Ingen har stigit upp till himlen utom han som kom ner från himlen, Människosonen som är i himlen. Och liksom Mose upphöjde ormen i öknen, så måste Människosonen bli upphöjd, för att var och en som tror på honom skall ha evigt liv. (Johannes 3:12-15).*

I 4 Mosebok 21:4-9 talade israeliterna som hade blivit ledda ut ur Egypten emot Mose eftersom deras resa till Kanaans land hade blivit för svår för dem. Då vände Gud bort sitt ansikte från dem och sände giftiga ormar som bet folket.

När de ropade efter hjälp, sa Gud till Mose att han skulle göra en kopparorm och sätta upp den på en påle. Gud frälste den som tittade upp på den, men de envisa människorna dog för att de i sin otro vägrade att ens titta på den.

Att förstå Guds Ord på ett andligt sätt

Varför befallde Gud att man skulle göra en kopparorm och sätta upp den på en påle? Vi vet att från 1 Mosebok 3:14 har ormen varit förbannad. Galaterbrevet 3:13 säger också, *"Förbannad är var och en som är upphängd på trä."*

Att därför sätta upp en kopparorm på en påle symboliserar att Jesus skulle bli upphängd på ett träkors som en förbannad orm för att återlösa dig. Och precis som den som tittade upp på kopparormen fick leva, blir den som tror på Jesus Kristus frälst.

Nikodemus kunde inte förstå andemeningen i Guds Ord för att han ännu inte hade blivit född av vatten och av Anden, och hans andliga ögon hade ännu inte öppnats.

Samma sak gäller idag, om du inte blivit född av vatten och av Anden och dina andliga ögon har blivit öppnade, kan du inte förstå betydelsen i det andliga budskapet för att du kanske tar det bokstavligt och missförstår det.

Du behöver be ivrigt för att kunna förstå den andliga betydelsen av Guds Ord genom den Helige Andes inspiration. Då kommer nådens Gud att öppna ditt hjärta och du kommer att förstå Guds Ord och ha sann tro.

När man blir född av vatten och Ande

Jesus sa till Nikodemus när han besökte Honom på natten, *"Amen, amen säger jag dig: Den som inte blir född av vatten och Ande kan inte komma in i Guds rike. Det som är fött av köttet är kött, och det som är fött av Anden är ande."* (Johannes 3:5-6).

Låt oss tydligt beskriva betydelsen av att bli född av vatten och av Anden. Hur kan du bli född på nytt av vatten och av Anden och få frälsning?

Vatten symboliserar det eviga Livets Vatten

Vatten släcker vår törst och mjukar upp de inre organen i kroppen. Det renar också våra kroppar både på utsidan och på insidan.

Jesus jämför därför det eviga livets vatten med vanligt vatten för att förklara att det renar oss och ger liv.

Jesus säger till oss i Johannes 4:14, *"Men den som dricker av det vatten jag ger honom skall aldrig någonsin törsta. Det vatten jag ger skall i honom bli en källa, som flödar fram och ger evigt liv."*

Om du dricker vatten blir du otörstig för ett tag, men efter ett tag blir du törstig igen. Det vatten det talas om i detta bibelord är det eviga vattnet. Den som dricker av vattnet som Jesus ger kommer aldrig mer at bli törstig. Det kommer finnas en "källa av vatten som flödar fram till evigt liv" som ger dig liv.

Johannes 6:54-55 säger, *"Den som äter mitt kött och dricker mitt blod har evigt liv, och jag skall låta honom uppstå på den yttersta dagen. Ty mitt kött är verklig mat och mitt blod är verklig dryck."* Jesu kött och Hans blod är evigt vatten.

Det är även så att med ordet "kött" menas Guds Ord eftersom Jesus är Ordet som blev kött och som kom in till världen. Att då äta Hans kött betyder att hålla Guds Ord i sinnet genom att läsa Bibeln.

Jesu blod är liv och livet är sanningen. Sanningen är Kristus, och Kristus är Guds kraft. Alla dessa är Jesu blod. Eftersom Guds kraft kommer av tro, betyder orden "att dricka Jesus blod" att vi ska lyda Hans Ord genom tro.

Du har lärt dig att vatten andligt sett symboliserar Jesu kött – det är Guds Ord och Guds Lamm. På det sätt som vatten renar våra kroppar, renar Guds Ord våra hjärtan från allt det smutsiga.

Därför blir du döpt i vatten i kyrkan, och vattendopet symboliserar att du är ett Guds barn och att du har blivit förlåten alla dina synder. Det betyder också att du behöver meditera och tänka på Guds Ord och bli renad genom det varje dag.

Född på nytt av vatten

Hur kan du då få allt smuts borttvättat från ditt hjärta genom Guds Ord som är det eviga vattnet?

Det finns fyra sorters befallningar som Gud ger oss: "Gör", "Gör inte", "Håll", och "Gör dig av med". Gud har till exempel sagt att vi inte ska vara avundsjuka, hata, döma, stjäla, begå äktenskapsbrott och mörda.

Vi ska alltså inte göra det som är förbjudet och samtidigt göra oss av med all slags ondska. Vi ska också hålla sabbaten, evangelisera, be, och älska varandra. Då kommer våra hjärtan gradvis att fyllas med sanningen genom den Helige Andes hjälp och Guds Ord kommer att tvätta bort all slags orättfärdighet och synd. På detta sätt kan våra hjärtan bli omskurna och förvandlade till sanna hjärtan genom att vi handlar i enlighet med Guds Ord, och blir "född av vatten".

För att därför ta emot hela frälsningen behöver du inte bara acceptera Jesus utan också omskära ditt hjärta genom att du lyder Guds Ord varje sekund av ditt liv.

Född på nytt av Anden

För att ta emot frälsning behöver du bli född både av vatten och av Anden. Hur kan du bli född av Anden? I Apostlagärningarna 19:2 frågade aposteln Paulus några av lärjungarna, *"Tog ni emot den helige Ande när ni kom till tro?"* Vad är det att ta emot den Helige Ande?

Den första människan Adam bestod av "ande", "själ", och "kropp" (1 Tessalonikerbrevet 5:23), men hans ande dog som ett resultat av olydnad. Då blev han en varelse som inte är bättre än ett djur, gjord av själ och kropp (Predikaren 3:18).

Om du omvänder dig från dina synder och erkänner att du är en syndare, ger Gud den Helige Ande till dig som en gåva och som ett bevis på att du är Hans barn (Apostlagärningarna 2:38).

Varje Guds barn som tar emot den Helige Ande, kan skilja mellan gott och ont genom Guds Ord och att leva i enlighet med Guds Ord genom kraften och styrkan från himlen genom deras ivriga och regelbundna böner.

På detta sätt kan du förvandlas och få sann, andlig tro till den grad att du föder din ande genom den Helige Ande. Johannes 3:6 säger, *"Det som är fött av köttet är kött, och det som är fött av Anden är ande"* och Johannes 6:63 förtydligar, *"Det är Anden som ger liv, köttet är inte till någon nytta. De ord som jag har talat till er är Ande och liv."*

Att bli en andlig människa som följer den Helige Ande

När vi blivit födda av vatten och av den Helige Ande, får vi ett medborgarskap i himlen (Filipperbrevet 3:20). Som Guds barn går vi på gudstjänster, prisar Honom med glädje, och strävar efter ett liv i ljuset.

Innan vi tog emot den Helige Ande, levde vi i mörker för att vi inte kände till sanningen. Men efter att vi har tagit emot den Helige Ande, försöker vi leva i ljuset.

Allteftersom tiden går, kommer du att upptäcka att samtidigt som du har glädjen i ditt hjärta, pågår det en konstant kamp inom dig. Det är för att Andens lag som följer den Helige Andes vilja kämpar emot den syndfulla naturens lag som följer den syndfulla människans begär, ögonens lustar och stolthet över livets goda (1 Johannes 2:16).

Aposteln Paulus kommenterade denna kamp: *"Till min inre människa gläder jag mig över Guds lag, men i mina lemmar ser jag en annan lag, som ligger i strid med lagen i mitt sinne och som gör mig till fånge under syndens lag i mina lemmar. Jag arma människa! Vem skall frälsa mig från denna dödens kropp?"* (Romarbrevet 7:22-24)

När du är född av vatten och av Anden, har du just blivit ett Guds barn. Det betyder inte att du är en perfekt andlig person.

Det är därför som Galaterbrevet 5:16-17 säger oss, *"Vad jag vill säga är detta: vandra i Anden, så kommer ni inte att göra vad köttet begär. Ty köttet söker det som är emot Anden och Anden söker det som är emot köttet. De två strider mot varandra för att hindra er att göra det ni vill. "*

För att kunna följa den Helige Ande, behöver vi leva i enlighet med Guds Ord och göra det som är accepterat och som behagar Gud. Om vi därför följer Andens vilja kommer vi inte att bli frestade och kommer att kunna besegra fienden djävulen och Satan som frestar oss att följa begären i den syndfulla naturen. Vi kan leva genom sanningen och överlåta oss själva troget till Guds rike och Hans rättfärdighet.

När vi följer den Helige Andes vilja, har vi frid och glädje. Men om vi följer begären i den syndfulla naturen kommer vi att bli olyckliga och nedtyngda.

Allt eftersom din tro växer kan du göra dig av med dina synder och följa den Helige Andes vilja på alla områden. Begären inom dig att följa den syndfulla naturen kommer att försvinna. Du kommer inte heller behöva kämpa för att göra dig av med synderna och inte längre vara olycklig. Du kan alltid glädja dig, under alla livets omständigheter.

Gud är nöjd med dem som lever efter Andens vilja. Han lägger begär i deras hjärtan som löftet i Psaltaren 37:4 säger oss, *"Ha din glädje i HERREN, han skall ge dig vad ditt hjärta begär."*

Om du förvandlar ditt hjärta till ett som bara är fyllt med sanning, kommer Gud att vara mycket nöjd med dig och Han kommer att göra allt möjligt för dig. Jag hoppas att du blir född av vatten och av Anden, och att du lever i enlighet med den Helige Andes vilja.

Tre vittnen: Anden, vattnet och blodet

Som jag tidigare förklarar behöver du bli född av vatten och av Anden för att bli frälst. Men för att ta emot fullständig frälsning måste du renas från synder genom Jesu blod genom att vandra i ljuset.

Om ditt hjärta inte är renat kommer du fortfarande att ha synd. Därför behöver du Jesu blod för att bli renad från den återstående synden.

Om detta säger 1 Johannes 5:5-8 oss följande:

> *Vem kan besegra världen utom den som tror att Jesus är Guds Son? Det är han som kom genom vatten och blod, Jesus Kristus, inte bara genom vattnet, utan genom vattnet och blodet. Och det är Anden som vittnar, eftersom Anden är sanningen. Ty det är tre som vittnar: Anden, vattnet och blodet, och de tre säger ett och detsamma.*

Jesus kommer genom vatten och blod

Johannes 1:1 säger att *"Ordet var Gud"* och Johannes 1:14, *"Och Ordet blev kött och bodde bland oss, och vi såg hans härlighet, en härlighet som den Enfödde har av Fadern, och han var full av nåd och sanning."* Jesus, Guds enfödde Son och Guds Ord, kom till jorden i köttet för att förlåta våra synder. Även idag fortsätter Han att rena oss med sitt Ord – Bibeln.

Men du kan inte leva efter Guds Ord utan den Helige Andes

hjälp. Det är omöjligt att göra dig av med synder i din egen styrka. Du behöver ta emot hjälp från den Helige Ande genom ivrig bön så att du kan ta bort den syndfulla naturens lustar och begär, ögonens begär och stolthet över livets goda. Bara då kan du driva bort osanningens mörker från ditt hjärta.

Du behöver också utgjutandet av blod för att bli förlåten. Hebreerbrevet 9:22 säger att *"Så renas enligt lagen nästan allt med blod, och utan att blod utgjuts ges ingen förlåtelse."* Du behöver Jesu blod för att endast Hans oklanderliga och fläckfria blod ger dig förlåtelse.

Du måste tro på Jesus som kom i vatten och blod, och ta emot den Helige Ande som en gåva från Gud för att kunna ta emot frälsningen, för du behöver dessa tre: Anden, vattnet och blodet.

Om det inte finns något utgjutande av blod, finns det ingen förlåtelse och du är fortfarande i synden. Du behöver inte bara ordet – vattnet – för att bli renad, utan också den Helige Ande för att hjälpa dig att fullständigt leva i enlighet med Guds Ord. Så dessa tre säger samma sak.

Vi behöver därför, efter att vi har blivit förlåtna våra synder genom accepterandet av Jesus Kristus, fortsätta att bli född av vatten och Ande för att nå fullkomlig frälsning, och förstå det faktum att dessa tre; Anden, vattnet och blodet tillsammans frälser oss och leder oss till himlen.

Kapitel 10

VAD ÄR VILLOLÄRA?

- Den bibliska definitionen på villolära
- Sanningens Ande och villfarelsens ande

Men det fanns också falska profeter bland folket, liksom det bland er kommer att finnas falska lärare som smyger in förödande läror. De skall till och med förneka den Herre som har friköpt dem och drar så plötsligt fördärv över sig. Många skall följa dem i deras utsvävningar, och för deras skull kommer sanningens väg att smädas. I sin girighet kommer de att med falska argument sko sig på er. Men domen över dem är sedan länge verksam, och deras undergång sover inte.

2 Petrusbrevet 2:1-3

När materialismens civilisation har utvecklats har människor börjat förneka Gud för de förlitar sig på sin egen visdom och kunskap. Då synden har spridits har människors sinnen blivit förmörkade och människor har blivit korrumperade. Därför blir många människor bedragna av lögner för att de inte kan urskilja vad som är sant och vad som är falskt. De gör också misstaget att de dömer människor baserat på sina egna självrättfärdiga teorier och kunskap.

I Matteus 12:22-32, botade Jesus en demonbesatt man som hade varit blind och stum. När fariséerna hörde om detta sa de, *"Det är bara med hjälp av Beelsebul, de onda andarnas furste, som han driver ut de onda andarna."* (v. 24). De ansåg att Guds verk hade blivit utfört av en demon.

Jesus sa till dem i Matteus 12:31-32, *"Därför säger jag er: All synd och hädelse skall människorna få förlåtelse för, men hädelse mot Anden skall inte förlåtas. Den som säger något mot Människosonen skall få förlåtelse. Men den som talar mot den helige Ande skall inte få förlåtelse vare sig i den här tidsåldern eller i den kommande."*

Fariséerna drog slutsatsen att det som Jesus hade gjort genom Guds kraft var ett verk av en demon. Detta är hädelse mot den Helige Ande. Dessa fariséer kunde därför inte bli frälsta.

Om du tydligt kan skilja mellan sant och falskt genom

Bibeln, kommer du inte döma andra människor eller bli bedragen av det som är falskt.

Låt oss gå djupare i "villoläror" från Guds perspektiv, och hur man urskiljer Guds Ande från de onda andarna och också tala om några sekter med villoläror som vi behöver vara vaksamma över.

Den bibliska definitionen på villolära

Oxford ordbok definierar ordet "villolära" som "en tro eller åsikt som strider mot principerna i en specifik religion". Somliga människor tror att det just de tror på är rätt och att alla andra religioner är villoläror. Till exempel, för en buddist är buddism den rätta och sanna vägen. För dem är andra religioner som till exempel konfucianism inte sann.

Paulus blev anklagad för att vara ledare för en sekt

Apostlagärningarna 24:5 säger, *"Vi har nämligen funnit att den här mannen är en pestböld och ställer till oroligheter bland alla judar runt om i världen, och att han är ledare för nasareernas sekt."* Här betyder "nasareernas sekt" en "sekt med villolära" och det är första gången ordet "villolära" dyker upp i Bibeln.

Judarna framförde anklagelser mot Paulus inför landshövdingen för de tyckte att det evangelium som Paulus predikade var villolära. Paulus motbevisade anklagelserna och bekände sin tro som det står nedskrivet i Apostlagärningarna 24:13-16.

> *Och de kan inte heller bevisa inför dig vad de nu anklagar mig för. Men det bekänner jag för dig att jag enligt 'den vägen' som de kallar för en sekt, tjänar mina fäders Gud på det sättet att jag tror på allt som är skrivet i lagen och hos profeterna. Och jag har samma hopp till Gud som de, att både rättfärdiga och orättfärdiga skall uppstå en gång. Därför strävar jag själv efter att alltid ha ett gott samvete inför Gud och människor.*

Var aposteln Paulus verkligen en villolärare?

Vi behöver slå upp definitionen på villolära i Bibeln, för Bibeln är Guds Ord och det enda som kan skilja sant från falskt. Termen som implicerar "heretisk sekt" eller "villolära" nämns fem gånger i Bibeln. Men definitionen på villolära diskuteras bara en gång:

> *Men det fanns också falska profeter bland folket, liksom det bland er kommer att finnas falska lärare som smyger in förödande läror. De skall till och med förneka den Herre som har friköpt dem och drar så plötsligt fördärv över sig. (2 Petrusbrevet 2:1).*

"Den Herre som har friköpt dem" syftar på Jesus Kristus. Människan tillhörde från början Gud och levde i enlighet med

Hans vilja. Efter Adams olydnad blev människan en syndare och tillhörde djävulen. Men Gud kände medömkan för människorna som var på väg mot döden. Gud sände Jesus, sin ende Son, som ett fridsoffer och tillät Honom att bli korsfäst så att Han kunde öppna vägen till frälsning genom sitt blod.

Gud arbetade för att få oss, som en gång tillhörde djävulen, att bli förlåtna för våra synder om vi tror på Jesus Kristus. På det sättet tar vi emot liv och får tillhöra Gud igen. Det är därför vi kan säga att Jesus friköpte oss genom sin korsfästelse och Bibeln säger oss att Jesus är den suveräne Herren som har friköpt oss.

Villolärare förnekar Jesus Kristus

Nu vet du att ordet "villolärare" betyder *"dem som förnekar den Herre som har friköpt dem och drar så plötsligt fördärv över sig."* (2 Petrusbrevet 2:1). Denna term hade aldrig blivit använd förrän Jesus hade fullbordat sitt uppdrag som Frälsare. Namnet "Jesus" betyder [den som ska] frälsa sitt folk från deras synder". "Kristus" betyder "Den Smorde". Jesus blev Frälsaren endast efter att Han hade fullbordat sitt uppdrag – att bli korsfäst och återuppstånden.

Det är därför vi inte finner denna term i det Gamla Testamentet eller i de olika evangelierna Matteus, Markus, Lukas, och Johannes vari Jesu liv finns nedskrivet. Även fariséerna, lagens lärare, och prästerna som förföljde Jesus inte använde denna term. Det användes inte heller av översteprästerna.

Bara efter att Jesus hade återuppstått för att fullborda sitt uppdrag som Kristus, började det komma fram "människor som förnekade den Herre som hade friköpt dem". Bara då började Bibeln varna oss för villolärare. Om människor därför tror på Jesus Kristus som "den Herre som har friköpt dem", är de inte villolärare. Men om de förnekar Honom är de villolärare.

Aposteln Paulus förnekade inte Jesus Kristus som hade friköpt honom med sitt dyrbara blod. Istället lovprisade Paulus Jesus Kristus varhelst han gick, och Paulus blev förföljd och fick betala ett högt pris. Fem gånger fick han av judarna ta emot trettionio piskrapp. En gång blev han stenad. Han blev fängslad, förföljd av hedningar och sina egna landsmän, och blev förrådd av dem som han litade på. Trots allt detta blev Paulus en man med stor kraft genom att han övervann dessa lidanden med glädje och tacksamhet, och förhärligade Gud genom att bota oräkneligt antal människor i namnet Jesus Kristus tills den dag han dog på martyrers vis.

Paulus predikade evangeliet och demonstrerade Guds kraft

Guds makt och kraft kan inte synas genom dem som förnekar Gud Skaparen och Jesus Kristus som i sin natur är Gud eftersom Bibeln tydligt säger, *"En gång har Gud sagt det, två gånger har jag hört det, Hos Gud är makten."* (Psaltaren 62:12). Vi ska inte döma en person som demonstrerar Guds kraft eftersom den kraften bevisar att Gud är med honom och att den personen storligen älskar Gud. I Galaterbrevet 1:6-8 varnar Paulus, som blev kallad ledare för nasareernas sekt, mycket strikt att inte följa eller predika något annat evangelium än korsets budskap:

> *Jag är förvånad över att ni så hastigt avfaller från honom som har kallat er genom Kristi nåd och vänder er till ett annat evangelium, fast det inte finns något annat. Däremot är det några som skapar förvirring bland er och vill förvränga Kristi evangelium. Men om det än vore vi själva eller en ängel från himlen som predikade evangelium för er i strid med vad vi har predikat, så skall han vara under förbannelse.*

Även idag finns det människor som anses vara villolärare, trots att de aldrig förnekar Jesus Kristus utan bara predikar evangeliet om Kristus och proklamerar den levande Guden genom att verka och demonstrera Hans kraft.

Döm inte slumpmässigt ut andra som villolärare

Jag har också fått gå igenom och uthärda många prövningar genom att ha blivit anklagad för att vara en villolärare, i det att jag har demonstrerat Guds kraft och min församling har vuxit sig stor. Församlingen har vuxit till mer än 120,000 medlemmar under de senaste tre decennierna sedan församlingen grundades 1982.

Jag led av många sjukdomar under sju år och blev botad genom Guds kraft vid ett tillfälle. Sedan försökte jag leva mitt liv till Guds ära oavsett om jag åt eller drack, som aposteln Paulus gjorde. Jag lade mitt liv i Guds hand och fokuserade på "Bara

Jesus, alltid Jesus".

Från den tiden då jag var en lekman försökte jag vittna om att Gud hade helat mig och att predika evangelium. Efter att ha blivit kallad Guds tjänare, predikade jag budskapet om korset och proklamerade den levande Guden och Jesus Frälsaren. Jag vittnade även om Gud när jag officierade ett bröllop för att jag ivrigt ville leda människor till frälsningen.

Jag insåg att både Guds kraftfulla ord och beviset på den levande Guden var nödvändiga vittnen om Herren till jordens ändar. Så jag bad ivrigt, som våra förfäder i tron gjorde, för att ta emot Guds kraft, och att kunna gå igenom varje prövning med tacksamhet och glädje.

Ibland har det varit livsfarliga prövningar. Men som Jesus, som tog emot återuppståndelsens härlighet efter sin oklanderliga död, har Gud förökat min styrka i enlighet med Hans vilja närhelst jag övervann prövningarna, en efter en.

Som ett resultat av detta har det varit så att närhelst jag har vittnat över hela världen—i Kenya, Uganda, Honduras, Japan, och till och med i starka muslimska länder som Pakistan och hinduistiska länder som Indien—om varför Gud är den ende sanne Guden och varför vi är frälsta när vi tror på Jesus Kristus, har tusentals människor omvänt sig, blinda har fått sin syn, stumma har talat, döva har fått sin hörsel tillbaka, och obotliga sjukdomar som AIDS och olika slags cancer har blivit botade.

Den som därför helt och fullt förstår vad villolära är, dömer inte andra som villolärare på ett vårdslöst sätt. I Apostlagärningarna 5:33-42 läser vi om Gamaliel, en laglärare, som var ärad av hela folket. Hur uppträdde han?

Vid den här tiden förbjöd fariséerna i Stora rådet Petrus och Johannes att vittna om Jesus Kristus, men de var fyllda med den Helige Ande och lydde inte Stora rådet. Därför ville rådets medlemmar döda apostlarna. Ändå stod Gamaliel upp i Stora rådet och befallde att männen skulle föras ut under en stund. Sedan talade han till Rådet:

> *Israeliter, tänk er för, vad ni är på väg att göra med dessa män. För en tid sedan uppträdde Teudas och gav sig ut för att vara något, och omkring fyra hundra män slöt sig till honom. Men han blev avrättad, och alla som trodde på honom skingrades och det blev ingenting av det hela. Efter honom, vid tiden för skattskrivningen, uppträdde Judas från Galileen. Han fick folk att göra uppror och följa honom. Men också han omkom, och alla som trodde på honom skingrades. Och nu säger jag er: Håll er borta från dessa män och låt dem gå. Ty om detta skulle vara ett påhitt eller ett verk av människor, kommer det att rinna ut i sanden. Men om det är av Gud, kan ni inte slå ner dem. Kanske visar det sig att ni strider mot Gud. (Apostlagärningarna 5:35-39).*

När vi läser detta skriftställe förstår vi att om mirakulösa verk inte är från Gud, kommer det att misslyckas även om människor inte försöker att stoppa det. Och om det är ett verk från Gud, kan människor inte stoppa det även om de står emot det eller stör det. Dessa människor kämpar mot Gud och de kommer att bli straffade och dömda av Honom.

Ibland dömer människor andra som villolärare på grund av olika uppfattningar om tolkningar i Bibeln, visioner från den Helige Ande, och även tungotal även fast man erkänner Treenigheten och att Jesus är kommen i köttet.

Somliga säger till och med att de inte behöver tungotal eller visioner, och att dessa verk från den Helige Ande är felaktiga eftersom det inte står någonstans att Jesus talade i tungor eller såg synder. Men Bibeln säger oss att dessa ting är bra för oss:

> *Men hos var och en uppenbarar sig Anden så att det blir till nytta. Den ene får av Anden ord av vishet, den andre ord av kunskap genom samme Ande. En får tro genom samme Ande, en får gåvor att bota sjuka genom samme Ande, en annan att utföra kraftgärningar. En får gåvan att profetera, en annan att skilja mellan andar. En får gåvan att tala olika slags tungomål, en annan att uttyda tungomål. Men allt detta verkar en och samme Ande, som efter sin vilja fördelar sina gåvor åt var och en. (1 Korinterbrevet 12:7-11).*

Kontentan av detta är att du ska inte förtala de som har andra gåvor från Anden som villolärare bara för att du inte själv upplever dem.

Sanningens Ande och villfarelsens ande

I 2 Petrusbrevet 2:1-3 finns det en förklaring om villoläror.

Bibeln varnar oss för falska profeter och lärare som i hemlighet introducerar förödande villoläror. *"Många skall följa dem i deras utsvävningar, och för deras skull kommer sanningens väg att smädas. I sin girighet kommer de att med falska argument sko sig på er. Men domen över dem är sedan länge verksam, och deras undergång sover inte."* (2 Petrusbrevet 2:2-3).

I 1 Johannes brev 4:1-3 står det också, *"Mina älskade, tro inte alla andar utan pröva andarna om de kommer från Gud. Ty många falska profeter har gått ut i världen. Så känner ni igen Guds Ande: varje ande, som bekänner att Jesus är Kristus, som kommit i köttet, han är från Gud, och varje ande som inte bekänner Jesus, han är inte från Gud. Det är Antikrists ande, som ni har hört skulle komma och som redan nu är i världen."*

Pröva varje ande om den är från Gud eller inte

Det finns goda andar som tillhör Gud som leder dig till frälsning och det finns onda andar som bedrar dig och leder dig till förödelse.

En person som har fått Guds Ande erkänner att Jesus Kristus är kommen i köttet. Han tror på Treenigheten – Gud, Jesus Kristus och Anden och en sådan person är beseglad som ett Guds barn. Han kan förstå sanningen och leva i enlighet med sanningen med den Helige Andes hjälp.

Den som har Antikrists ande står emot Jesus Kristus med Guds ord och förnekar Jesu återlösning. Vi måste vara vaksamma och kunna urskilja antikristar eftersom en antikrist ofta verkar bland de troende genom att missbruka Guds Ord.

Att förneka Jesus Kristus är inget annat än att kämpa mot Gud som sände Honom till den här världen.

Bibeln varnar oss för Antikrist i 2 Johannes brev 1:7-8 så här:

Ty många bedragare har gått ut i världen, och de bekänner inte att Jesus är Kristus, som har kommit i köttet. En sådan är Bedragaren, Antikrist. Se till att ni inte förlorar det vi har arbetat för utan får full lön.

I 1 Johannes brev 2:19 finns en annan varning till oss:

Från oss har de utgått, men de hörde aldrig till oss. Om de hade hört till oss skulle de ha blivit kvar hos oss. Men detta skedde för att det skulle bli uppenbart att inte alla hör till oss.

Det finns två typer av antikrister: den som är besatt av Antikrists ande och den som är bedragen av Antikrists ande. De båda försöker bedra människor som den Helige Ande bor i. De tillfångatar människor för att de ska gå emot Guds Ord och bedrar dem genom deras tankar. Människor vars tankar är helt och hållet kontrollerade av Antikrists ande kallas "demonbesatta".

Om en Herrens tjänare har en ande av Antikrist kommer församlingsmedlemmar mer och mer röra sig mot förgörelsen tillfångatagna av Antikrists ande.

Därför behöver du ha tydlig kunskap om sanningens Ande och villfarelsens ande för att inte bli bedragen av Antikrists ande utan leva i enlighet med sanningen och i ljuset.

Hur man kan urskilja vilken ande som verkar

1 Johannes 4:5-6 säger, *"De är av världen och därför talar de vad som är av världen, och världen lyssnar till dem. Vi tillhör Gud. Den som känner Gud lyssnar till oss, den som inte är av Gud lyssnar inte till oss. Det är så vi känner igen sanningens Ande och villfarelsens ande."*

Termen "villfarelse" betyder "en uttalande som inte är sant". Villfarelsens ande är en världslig ande som får dig att tro på det som inte är sant som om det vore sant, och den får dig att lämna trons gränser. Det är nämligen så att den som kommer från Gud lyssnar till sanningens ord, men den som tillhör världen lyssnar till vad världen säger, inte till sanningen. På det sättet är det lätt att känna igen dem. Det blir tydligt för dig om det handlar om ljuset eller mörkret om du känner till sanningen. Då kan du säga, "Den här personen är i sanningen men den personen är i mörkret".

Ett exempel, om någon säger följande på en söndag, "Låt oss gå ut och ha en picknick på eftermiddagen. Det räcker om vi går på morgonmötet bara, det spelar väl ingen roll?" eller om någon försöker förstöra Guds rike genom att använda onda tricks och hävda att han tror på Gud. Det är villfarelsens andes verk.

Du kan komma att förstå många saker som Gud fritt och för intet ger dig om du tar emot sanningens Ande som kommer från

Gud (1 Korinterbrevet 2:12). Det är därför som den Helige Ande bor i dig – du Guds dyrbara barn. Han är sanningens Ande och leder dig in i den fulla sanningen. Han talar inte av det som är Hans eget utan bara det Han hör, och Han kommer att berätta för dig om det som ska komma.

Därför säger Jesus i Johannes 14:17, *"sanningens Ande, som världen inte kan ta emot. Ty världen ser honom inte och känner honom inte. Ni känner honom, eftersom han förblir hos er och skall vara i er."* Johannes 15:26 påminner oss återigen om den Helige Ande: *"När Hjälparen kommer, som jag skall sända er från Fadern, sanningens Ande, som utgår från Fadern, då skall han vittna om mig."*

Även 1 Korinterbrevet 2:10 säger, *"Ty för oss har Gud uppenbarat det genom sin Ande. Anden utforskar allt, också djupen i Gud."* Som det är skrivet, den Helige Ande är den ende som helt och hållet känner och förstår Guds sinne.

Det leder till att de som tar emot sanningens Ande lyssnar till sanningens ord och lyder det. Ju mer Guds rike och Hans rättfärdighet utvidgas, ju mer fröjdas de. De är fulla av liv, och längtar efter det himmelska riket.

Ändå finns det de som bara går till kyrkan utan glädje för att de inte äger en Gudsgenererad tro. De tillhör fortfarande världen och föredrar världsliga ting som pengar och njutningar. Därför kan de inte leva i sanningen, längta efter himmelriket eller älska Gud av hela sitt hjärta.

Till slut kommer dessa människor att lämna Gud på grund av villfarelsens ande för att de tillhör världen och har inte sanningens Ande. Om någon förtalar eller skvallrar om andra bröder och systrar i tron eller stör andra på grund av avundsjuka över att de är trofasta till Guds rike och Hans rättfärdighet, en sådan människan kommer inte från sanningens Ande.

Låt ingen leda dig vilse

1 Johannes 3:7 nödgar oss: *"Kära barn, låt ingen föra er vilse. Den som gör det rätta är rättfärdig liksom han är rättfärdig."* Du ska inte vända dig bort från Guds Ord, för då kan du bli bedragen av lögnaktig kunskap för inget mer än Guds Ord kan undervisa dig. Bara då kan du ta emot fullständig frälsning, vara framgångsrik över hela världen, och njuta av evigt liv i himmelriket.

Men djävulen gör allt i sin makt för att hindra Guds barn att leva genom Ordet, och få oss att kompromissa med världen, vända oss bort från Gud, tvivla på Honom, och gå emot Honom. I 1 Petrusbrevet 5:8 står det, *"Var nyktra och vaksamma. Er motståndare djävulen går omkring som ett rytande lejon och söker efter vem han skall sluka."*

Hur kan då fienden djävulen och Satan bedra Guds barn? Vi kan likna det med en kvinna som blir frestad av en man. Om kvinnan går med värdighet och uppträder på ett väluppfostrat sätt vågar män inte fresta henne. Men om hon inte uppträder på rätt sätt kommer det vara lätt för män att fresta henne. På samma sätt är det med fienden djävulen och Satan som lyckas komma nära dem som inte står fasta i tron och som tvivlar på Gud. Djävulen frestar dessa människor att vända sig bort ifrån Gud och gå emot Honom och till slut leda dem in på dödens väg. Eva blev också frestad av djävulen för att hon blev överrumplad i diskuterandet om Guds Ord.

Du kan förstås möta prövningar även fast du inte har något fel. Det är för att Gud vill välsigna dig, på samma sätt som Daniel fick gå igenom prövningar i det att han kastades ner i lejongropen, eller Abrahams prövning i det att han skulle offra sin son som ett brännoffer.

När du möter prövningar eller svårigheter för att du inte står fast i tron, måste du se till att du direkt omvänder dig från dina synder, driver ut alla frestelser och prövningar med Guds Ord, och försöker göra ditt bästa för att stå stadigt på sanningens klippa.

Stå fast i sanningen; bli inte bedragen

I 1Timoteusbrevet 4:1-2, skriver författaren, *"Men Anden säger tydligt att i de sista tiderna kommer somliga att avfalla från tron och hålla sig till villoandar och till onda andars läror. De kommer att förledas av hycklare och lögnare, som är brännmärkta i sina samveten."*

Detta säger att i de sista tiderna kommer somliga människor hävda att de har tro men som vänder sig bort från sin tro genom att följa bedragande andar och sådant som lärs ut av demoner.

De bedragna är skenheliga även fast de genom sina gärningar verkar trofasta och rättfärdiga. De ber inför andra, och försöker vara trofasta på grund av pengar och inte på grund av tacksamhet till Guds nåd. Till slut överger de sin tro och går dödens väg för att deras samveten är brännmärkta som med ett hett strykjärn genom att de ljuger, lever utan sanningen, och tillfredsställer sig med världsliga njutningar.

Gud varnar oss genom Bibeln att inte bli bedragen. Jesus varnar oss i Matteus 7:15-16: *"Akta er för de falska profeterna, som kommer till er klädda som får men i sitt inre är rovlystna vargar. På deras frukt skall ni känna igen dem. Inte plockar man väl vindruvor från törnbuskar eller fikon från tistlar?"*

En persons ord och handlingar reflekterar personens tankar och vilja. Man kan därför förstå en människa genom dens frukt. Om någon bär ond frukt som hat, avundsjuka och svartsjuka istället för frukter som sanning, godhet och rättfärdighet, är den personen en falsk profet.

Många falska profeter, antikrister, finns redan i världen. Därför måste Guds barn ha en sund förståelse var villolära är, och kunna urskilja mellan sanningens Ande och villfarelsens ande.

Fienden djävulen och Satan missar aldrig en möjlighet att bedra Guds barn och få dem att synda närhelst de visar osäkerhet gentemot sanningen. När du är stabil i tron och lyder sanningen kommer du inte att bli bedragen av villfarelsens ande, utan kommer istället lätt kunna besegra den närhelst den försöker komma nära dig.

Du får inte avvika eller fästa dig vid någon annan undervisning och bli bedragen genom det som är emot sanningen. Lyd istället Guds Ord och följ den Helige Andes vilja så att du kan vara frimodig och oklanderlig vid vår Herre Jesu Kristi andra återkomst.

Det är verkligen förvånande att det finns så många villoläror i dessa dagar. Det finns dem som går emot Jesus Kristus genom att missbruka Guds Ord; de som förnekar himmelriket; de som hävdar att de själva är Jesus Kristus och förnekar Budskapet om Korset, Treenigheten och den Helige Andes verk; många falska profeter; och många andra.

Jesus berättar för oss att *"En god människa tar ur sitt goda förråd fram det som är gott, och en ond människa tar ur sitt onda förråd fram det som är ont. Men jag säger er att för varje onyttigt ord som människor talar, skall de stå till svars på domens dag. Efter dina ord skall du frias, och efter dina ord skall du fällas."* (Matteus 12:35-37).

En god man har ett gott hjärta och kan inte orsaka ondska eller skada andra människor, oavsett om handlingen leder till fördelar för honom själv eller inte.

Men en ond man kan inte glädja sig i sanningen. Han använder all slags ondska för att få andra att snubbla och falla genom sin avundsjuka och svartsjuka. Även om det han säger verkar rätt och sant kan man inte säga att han är en god man om han talar illa om andra eller förtrycker andra.

Därför behöver vi alltid be och vara vaksamma så att vi inte blir bedragna. Vi måste kunna urskilja om andar är sanna eller inte och aldrig döma andra. Vi behöver också hålla fast vid tron på Treenigheten – Fadern, Sonen och Anden, tro på hela Bibeln, och lyda och leva genom den.

"Kom, Herre, Jesus!"

Författaren:
Dr. Jaerock Lee

Dr. Jaerock Lee föddes 1943 i Muan, Jeonnamprovinsen, Republiken Korea. I tjugoåren led Dr. Lee av olika slags obotliga sjukdomar under sju år och inväntade döden utan hopp om tillfrisknande. En dag våren 1974 leddes han emellertid till en kyrka av hans syster och när han böjde knä för att be botade den levande Guden honom omedelbart från alla hans sjukdomar.

Från den stund då Dr. Lee mötte den levande Guden genom denna underbara upplevelse har han uppriktigt älskat Gud av hela sitt hjärta och 1978 fick han kallelsen av Gud att bli Hans tjänare. Han bad ivrigt och innerligt så att han skulle komma att förstå Guds vilja och helt och fullt kunna utföra den och lyda alla Guds Ord. År 1982 grundade han Manmin Centralkyrkan i Seoul, Korea och ett oräkneligt antal Guds verk, inklusive mirakulösa helanden och underverk har skett i hans församling.

År 1986 blev Dr. Lee ordinerad som pastor vid "Annual Assembly of Jesus' Sungkyul Church of Korea", och 1990, fyra år senare, började hans predikningar sändas över radio och TV i Australien, Ryssland, Filippinerna och många andra länder genom Far East Broadcasting Company, Asia Broadcast Station, och Washington Christian Radio System.

Tre år senare, 1993, valdes Manmin Centralkyrkan till en av de 50 främsta församlingarna i världen av amerikanska tidskriften Christian World och han mottog ett hedersdoktorat i teologi vid universitetet Christian Faith College, Florida, USA, och 1996 mottog han en Fil. Dr i pastorsämbete från Kingsway Theological Seminary, Iowa, USA.

Sedan 1993 har Dr. Lee haft en ledande roll i världsmissionen genom många internationella kampanjer i Los Angeles, Baltimore och New York i USA, Tanzania, Argentina, Uganda, Japan, Pakistan, Kenya, Filippinerna, Honduras, Indien, Ryssland, Tyskland Peru, Demokratiska Republiken

Kongo, Israel och Estland. År 2002 blev han på grund av sitt arbete med internationella kampanjer kallad "global pastor" av stora kristna tidningar i Korea.

Per april 2012 är Manmin Centralkyrkan en församling med mer än 120,000 medlemmar. Det finns 10,000 inrikes och utrikes församlingsutposter över hela jorden, och hittills har mer än 129 missionärer sänts ut till 23 länder, inklusive USA, Ryssland, Tyskland, Kanada, Japan, Kina, Frankrike, Indien, Kenya och många, många fler.

Fram till datumet för denna publikationen har Dr. Lee skrivit 64 böcker, inklusive bästsäljare som *En Smak av Evigt Liv Före Döden, Mitt Liv Min Tro I & II, Budskapet om Korset, Måttet av Tro, Himlen 1 & 11, Helvetet, Vakna Israel,* och *Guds Kraft.* Hans verkar har översatts till mer än 73 språk.

Hans kristna krönikor finns i tidningarna *The Hankook Ilbo, The JoongAng Daily, The Chosun Ilbo, The Dong-A Ilbo, The Munhwa Ilbo, The Seoul Shinmun, The Kyunghyang Shinmun, The Hankyoreh Shinmun, The Korea Economic Daily, The Korea Herald, The Shisa New* och *The Christian Press.*

Dr. Lee är för närvarande grundare och ledare för ett antal missionsorganisationer och sammanslutningar såsom ordförande i The United Holiness Church of Jesus Christ; President för Manmin World Mission; Permanent President för The World Christianity Revival Mission Association; Grundare & Styrelseordförande av Global Christian Network (GCN); Grundare Styrelseordförande för World Christian Doctors Network (WCDN); och Grundare & Styrelseordförande för Manmin International Seminary (MIS).

Himlen I & II

En detaljerad bild över den härliga boendemiljön som de himmelska medborgarna njuter av och underbar beskrivning av de olika nivåerna i de himmelska herradömen.

Mitt Liv, Min Tro I & II

En ytterst dyrbar andlig väldoft utvunnen från livet som blomstrar med en oförliknelig kärlek till Gud, mitt i de mörka vågorna, kalla ok och djupaste förtvivlan.

En Smak av Evigt Liv före Döden

En biografi av Dr. Jaerock Lee, som blev född på nytt och frälst ut ur dödskuggans dal och som har levt ett perfekt exemplariskt kristet liv.

Måttet av Tro

Jaký nebeský příbytek, koruna a odměna jsou pro vás připraveny v nebi? Tato kniha vám poskytne moudrost a vedení, abyste dokázali změřit svou víru, co nejlépe ji tříbit a dozrát v ní.

Helvetet

Ett allvarligt budskap till hela mänskligheten från Gud som inte vill att en enda själ ska hamna i helvetets djup! Du kommer upptäcka sådant som aldrig tidigare uppenbarats om den grymma verkligheten i Nedre Hades och helvetet.

www.ingramcontent.com/pod-product-compliance
Lightning Source LLC
Chambersburg PA
CBHW061607120626

46550CB00004B/1639